I0100395

2021

24-Hour Daily Planner/ Appointment Book

I. S. Anderson

2021

24-Hour Daily Planner/

Appointment Book

ISBN-13: 1-947399-21-7

ISBN-13: 978-1-947399-21-1

For more information regarding this publication, contact: **nahjpress@outlook.com**

First Printing, 2020

2021

24-Hour Daily Planner/

Appointment Book

Belongs To:

____

2021

JANUARY

S	M	T	W	T	F	S
					1	2
3	4	5	6	7	8	9
10	11	12	13	14	15	16
17	18	19	20	21	22	23
24	25	26	27	28	29	30
31						

FEBRUARY

S	M	T	W	T	F	S
	1	2	3	4	5	6
7	8	9	10	11	12	13
14	15	16	17	18	19	20
21	22	23	24	25	26	27
28						

MARCH

S	M	T	W	T	F	S
	1	2	3	4	5	6
7	8	9	10	11	12	13
14	15	16	17	18	19	20
21	22	23	24	25	26	27
28	29	30	31			

APRIL

S	M	T	W	T	F	S
				1	2	3
4	5	6	7	8	9	10
11	12	13	14	15	16	17
18	19	20	21	22	23	24
25	26	27	28	29	30	

MAY

S	M	T	W	T	F	S
						1
2	3	4	5	6	7	8
9	10	11	12	13	14	15
16	17	18	19	20	21	22
23	24	25	26	27	28	29
30	31					

JUNE

S	M	T	W	T	F	S
		1	2	3	4	5
6	7	8	9	10	11	12
13	14	15	16	17	18	19
20	21	22	23	24	25	26
27	28	29	30			

JULY

S	M	T	W	T	F	S
				1	2	3
4	5	6	7	8	9	10
11	12	13	14	15	16	17
18	19	20	21	22	23	24
25	26	27	28	29	30	31

AUGUST

S	M	T	W	T	F	S
1	2	3	4	5	6	7
8	9	10	11	12	13	14
15	16	17	18	19	20	21
22	23	24	25	26	27	28
29	30	31				

SEPTEMBER

S	M	T	W	T	F	S
			1	2	3	4
5	6	7	8	9	10	11
12	13	14	15	16	17	18
19	20	21	22	23	24	25
26	27	28	29	30		

OCTOBER

S	M	T	W	T	F	S
					1	2
3	4	5	6	7	8	9
10	11	12	13	14	15	16
17	18	19	20	21	22	23
24	25	26	27	28	29	30
31						

NOVEMBER

S	M	T	W	T	F	S
	1	2	3	4	5	6
7	8	9	10	11	12	13
14	15	16	17	18	19	20
21	22	23	24	25	26	27
28	29	30				

DECEMBER

S	M	T	W	T	F	S
			1	2	3	4
5	6	7	8	9	10	11
12	13	14	15	16	17	18
19	20	21	22	23	24	25
26	27	28	29	30	31	

2022

JANUARY

S	M	T	W	T	F	S
						1
2	3	4	5	6	7	8
9	10	11	12	13	14	15
16	17	18	19	20	21	22
23	24	25	26	27	28	29
30	31					

FEBRUARY

S	M	T	W	T	F	S
		1	2	3	4	5
6	7	8	9	10	11	12
13	14	15	16	17	18	19
20	21	22	23	24	25	26
27	28					

MARCH

S	M	T	W	T	F	S
		1	2	3	4	5
6	7	8	9	10	11	12
13	14	15	16	17	18	19
20	21	22	23	24	25	26
27	28	29	30	31		

APRIL

S	M	T	W	T	F	S
					1	2
3	4	5	6	7	8	9
10	11	12	13	14	15	16
17	18	19	20	21	22	23
24	25	26	27	28	29	30

MAY

S	M	T	W	T	F	S
1	2	3	4	5	6	7
8	9	10	11	12	13	14
15	16	17	18	19	20	21
22	23	24	25	26	27	28
29	30	31				

JUNE

S	M	T	W	T	F	S
			1	2	3	4
5	6	7	8	9	10	11
12	13	14	15	16	17	18
19	20	21	22	23	24	25
26	27	28	29	30		

JULY

S	M	T	W	T	F	S
					1	2
3	4	5	6	7	8	9
10	11	12	13	14	15	16
17	18	19	20	21	22	23
24	25	26	27	28	29	30
31						

AUGUST

S	M	T	W	T	F	S
	1	2	3	4	5	6
7	8	9	10	11	12	13
14	15	16	17	18	19	20
21	22	23	24	25	26	27
28	29	30	31			

SEPTEMBER

S	M	T	W	T	F	S
				1	2	3
4	5	6	7	8	9	10
11	12	13	14	15	16	17
18	19	20	21	22	23	24
25	26	27	28	29	30	

OCTOBER

S	M	T	W	T	F	S
						1
2	3	4	5	6	7	8
9	10	11	12	13	14	15
16	17	18	19	20	21	22
23	24	25	26	27	28	29
30	31					

NOVEMBER

S	M	T	W	T	F	S
		1	2	3	4	5
6	7	8	9	10	11	12
13	14	15	16	17	18	19
20	21	22	23	24	25	26
27	28	29	30			

DECEMBER

S	M	T	W	T	F	S
				1	2	3
4	5	6	7	8	9	10
11	12	13	14	15	16	17
18	19	20	21	22	23	24
25	26	27	28	29	30	31

2023

JANUARY

S	M	T	W	T	F	S
1	2	3	4	5	6	7
8	9	10	11	12	13	14
15	16	17	18	19	20	21
22	23	24	25	26	27	28
29	30	31				

FEBRUARY

S	M	T	W	T	F	S
			1	2	3	4
5	6	7	8	9	10	11
12	13	14	15	16	17	18
19	20	21	22	23	24	25
26	27	28				

MARCH

S	M	T	W	T	F	S
			1	2	3	4
5	6	7	8	9	10	11
12	13	14	15	16	17	18
19	20	21	22	23	24	25
26	27	28	29	30	31	

APRIL

S	M	T	W	T	F	S
						1
2	3	4	5	6	7	8
9	10	11	12	13	14	15
16	17	18	19	20	21	22
23	24	25	26	27	28	29
30						

MAY

S	M	T	W	T	F	S
	1	2	3	4	5	6
7	8	9	10	11	12	13
14	15	16	17	18	19	20
21	22	23	24	25	26	27
28	29	30	31			

JUNE

S	M	T	W	T	F	S
				1	2	3
4	5	6	7	8	9	10
11	12	13	14	15	16	17
18	19	20	21	22	23	24
25	26	27	28	29	30	

JULY

S	M	T	W	T	F	S
						1
2	3	4	5	6	7	8
9	10	11	12	13	14	15
16	17	18	19	20	21	22
23	24	25	26	27	28	29
30	31					

AUGUST

S	M	T	W	T	F	S
		1	2	3	4	5
6	7	8	9	10	11	12
13	14	15	16	17	18	19
20	21	22	23	24	25	26
27	28	29	30	31		

SEPTEMBER

S	M	T	W	T	F	S
					1	2
3	4	5	6	7	8	9
10	11	12	13	14	15	16
17	18	19	20	21	22	23
24	25	26	27	28	29	30

OCTOBER

S	M	T	W	T	F	S
1	2	3	4	5	6	7
8	9	10	11	12	13	14
15	16	17	18	19	20	21
22	23	24	25	26	27	28
29	30	31				

NOVEMBER

S	M	T	W	T	F	S
			1	2	3	4
5	6	7	8	9	10	11
12	13	14	15	16	17	18
19	20	21	22	23	24	25
26	27	28	29	30		

DECEMBER

S	M	T	W	T	F	S
					1	2
3	4	5	6	7	8	9
10	11	12	13	14	15	16
17	18	19	20	21	22	23
24	25	26	27	28	29	30
31						

2021

January	February	March	April	May	June
1 F	1 M	1 M	1 T	1 S	1 T
2 S	2 T	2 T	2 F	2 S	2 W
3 S	3 W	3 W	3 S	3 M	3 T
4 M	4 T	4 T	4 S	4 T	4 F
5 T	5 F	5 F	5 M	5 W	5 S
6 W	6 S	6 S	6 T	6 T	6 S
7 T	7 S	7 S	7 W	7 F	7 M
8 F	8 M	8 M	8 T	8 S	8 T
9 S	9 T	9 T	9 F	9 S	9 W
10 S	10 W	10 W	10 S	10 M	10 T
11 M	11 T	11 T	11 S	11 T	11 F
12 T	12 F	12 F	12 M	12 W	12 S
13 W	13 S	13 S	13 T	13 T	13 S
14 T	14 S	14 S	14 W	14 F	14 M
15 F	15 M	15 M	15 T	15 S	15 T
16 S	16 T	16 T	16 F	16 S	16 W
17 S	17 W	17 W	17 S	17 M	17 T
18 M	18 T	18 T	18 S	18 T	18 F
19 T	19 F	19 F	19 M	19 W	19 S
20 W	20 S	20 S	20 T	20 T	20 S
21 T	21 S	21 S	21 W	21 F	21 M
22 F	22 M	22 M	22 T	22 S	22 T
23 S	23 T	23 T	23 F	23 S	23 W
24 S	24 W	24 W	24 S	24 M	24 T
25 M	25 T	25 T	25 S	25 T	25 F
26 T	26 F	26 F	26 M	26 W	26 S
27 W	27 S	27 S	27 T	27 T	27 S
28 T	28 S	28 S	28 W	28 F	28 M
29 F		29 M	29 T	29 S	29 T
30 S		30 T	30 F	30 S	30 W
31 S		31 W		31 M	

July	August	September	October	November	December
1 T	1 S	1 W	1 F	1 M	1 W
2 F	2 M	2 T	2 S	2 T	2 T
3 S	3 T	3 F	3 S	3 W	3 F
4 S	4 W	4 S	4 M	4 T	4 S
5 M	5 T	5 S	5 T	5 F	5 S
6 T	6 F	6 M	6 W	6 S	6 M
7 W	7 S	7 T	7 T	7 S	7 T
8 T	8 S	8 W	8 F	8 M	8 W
9 F	9 M	9 T	9 S	9 T	9 T
10 S	10 T	10 F	10 S	10 W	10 F
11 S	11 W	11 S	11 M	11 T	11 S
12 M	12 T	12 S	12 T	12 F	12 S
13 T	13 F	13 M	13 W	13 S	13 M
14 W	14 S	14 T	14 T	14 S	14 T
15 T	15 S	15 W	15 F	15 M	15 W
16 F	16 M	16 T	16 S	16 T	16 T
17 S	17 T	17 F	17 S	17 W	17 F
18 S	18 W	18 S	18 M	18 T	18 S
19 M	19 T	19 S	19 T	19 F	19 S
20 T	20 F	20 M	20 W	20 S	20 M
21 W	21 S	21 T	21 T	21 S	21 T
22 T	22 S	22 W	22 F	22 M	22 W
23 F	23 M	23 T	23 S	23 T	23 T
24 S	24 T	24 F	24 S	24 W	24 F
25 S	25 W	25 S	25 M	25 T	25 S
26 M	26 T	26 S	26 T	26 F	26 S
27 T	27 F	27 M	27 W	27 S	27 M
28 W	28 S	28 T	28 T	28 S	28 T
29 T	29 S	29 W	29 F	29 M	29 W
30 F	30 M	30 T	30 S	30 T	30 T
31 S	31 T		31 S		31 F

12 a.m
1
2
3
4
5
6
7
8
9
10
11
12 p.m
1
2
3
4
5
6
7
8
9
10
11

DECEMBER 2020

S	M	T	W	T	F	S
		1	2	3	4	5
6	7	8	9	10	11	12
13	14	15	16	17	18	19
20	21	22	23	24	25	26
27	28	29	30	31		

JANUARY

S	M	T	W	T	F	S
					1	2
3	4	5	6	7	8	9
10	11	12	13	14	15	16
17	18	19	20	21	22	23
24	25	26	27	28	29	30
31						

January 2, 2021 (Saturday)

12 a.m
1
2
3
4
5
6
7
8
9
10
11
12 p.m
1
2
3
4
5
6
7
8
9
10
11

FEBRUARY

S	M	T	W	T	F	S
	1	2	3	4	5	6
7	8	9	10	11	12	13
14	15	16	17	18	19	20
21	22	23	24	25	26	27
28						

MARCH

S	M	T	W	T	F	S
	1	2	3	4	5	6
7	8	9	10	11	12	13
14	15	16	17	18	19	20
21	22	23	24	25	26	27
28	29	30	31			

12 a.m
1
2
3
4
5
6
7
8
9
10
11
12 p.m
1
2
3
4
5
6
7
8
9
10
11

DECEMBER 2020

S	M	T	W	T	F	S
		1	2	3	4	5
6	7	8	9	10	11	12
13	14	15	16	17	18	19
20	21	22	23	24	25	26
27	28	29	30	31		

JANUARY

S	M	T	W	T	F	S
					1	2
3	4	5	6	7	8	9
10	11	12	13	14	15	16
17	18	19	20	21	22	23
24	25	26	27	28	29	30
31						

January 4, 2021 (Monday)

12 a.m
1
2
3
4
5
6
7
8
9
10
11
12 p.m
1
2
3
4
5
6
7
8
9
10
11

FEBRUARY

S	M	T	W	T	F	S
	1	2	3	4	5	6
7	8	9	10	11	12	13
14	15	16	17	18	19	20
21	22	23	24	25	26	27
28						

MARCH

S	M	T	W	T	F	S
	1	2	3	4	5	6
7	8	9	10	11	12	13
14	15	16	17	18	19	20
21	22	23	24	25	26	27
28	29	30	31			

12 a.m
1
2
3
4
5
6
7
8
9
10
11
12 p.m
1
2
3
4
5
6
7
8
9
10
11

DECEMBER					2020	
S	M	T	W	T	F	S
		1	2	3	4	5
6	7	8	9	10	11	12
13	14	15	16	17	18	19
20	21	22	23	24	25	26
27	28	29	30	31		

JANUARY						
S	M	T	W	T	F	S
					1	2
3	4	5	6	7	8	9
10	11	12	13	14	15	16
17	18	19	20	21	22	23
24	25	26	27	28	29	30
31						

January 6, 2021 (Wednesday)

12 a.m
1
2
3
4
5
6
7
8
9
10
11
12 p.m
1
2
3
4
5
6
7
8
9
10
11

FEBRUARY

S	M	T	W	T	F	S
	1	2	3	4	5	6
7	8	9	10	11	12	13
14	15	16	17	18	19	20
21	22	23	24	25	26	27
28						

MARCH

S	M	T	W	T	F	S
	1	2	3	4	5	6
7	8	9	10	11	12	13
14	15	16	17	18	19	20
21	22	23	24	25	26	27
28	29	30	31			

12 a.m
1
2
3
4
5
6
7
8
9
10
11
12 p.m
1
2
3
4
5
6
7
8
9
10
11

DECEMBER 2020

S	M	T	W	T	F	S
		1	2	3	4	5
6	7	8	9	10	11	12
13	14	15	16	17	18	19
20	21	22	23	24	25	26
27	28	29	30	31		

JANUARY

S	M	T	W	T	F	S
					1	2
3	4	5	6	7	8	9
10	11	12	13	14	15	16
17	18	19	20	21	22	23
24	25	26	27	28	29	30
31						

January 8, 2021 (Friday)

12 a.m
1
2
3
4
5
6
7
8
9
10
11
12 p.m
1
2
3
4
5
6
7
8
9
10
11

FEBRUARY

S	M	T	W	T	F	S
	1	2	3	4	5	6
7	8	9	10	11	12	13
14	15	16	17	18	19	20
21	22	23	24	25	26	27
28						

MARCH

S	M	T	W	T	F	S
	1	2	3	4	5	6
7	8	9	10	11	12	13
14	15	16	17	18	19	20
21	22	23	24	25	26	27
28	29	30	31			

12 a.m
1
2
3
4
5
6
7
8
9
10
11
12 p.m
1
2
3
4
5
6
7
8
9
10
11

DECEMBER					2020	
S	M	T	W	T	F	S
		1	2	3	4	5
6	7	8	9	10	11	12
13	14	15	16	17	18	19
20	21	22	23	24	25	26
27	28	29	30	31		

JANUARY						
S	M	T	W	T	F	S
					1	2
3	4	5	6	7	8	9
10	11	12	13	14	15	16
17	18	19	20	21	22	23
24	25	26	27	28	29	30
31						

January 10, 2021 (Sunday)

12 a.m
1
2
3
4
5
6
7
8
9
10
11
12 p.m
1
2
3
4
5
6
7
8
9
10
11

FEBRUARY

S	M	T	W	T	F	S
	1	2	3	4	5	6
7	8	9	10	11	12	13
14	15	16	17	18	19	20
21	22	23	24	25	26	27
28						

MARCH

S	M	T	W	T	F	S
	1	2	3	4	5	6
7	8	9	10	11	12	13
14	15	16	17	18	19	20
21	22	23	24	25	26	27
28	29	30	31			

12 a.m
1
2
3
4
5
6
7
8
9
10
11
12 p.m
1
2
3
4
5
6
7
8
9
10
11

DECEMBER 2020

S	M	T	W	T	F	S
		1	2	3	4	5
6	7	8	9	10	11	12
13	14	15	16	17	18	19
20	21	22	23	24	25	26
27	28	29	30	31		

JANUARY

S	M	T	W	T	F	S
					1	2
3	4	5	6	7	8	9
10	11	12	13	14	15	16
17	18	19	20	21	22	23
24	25	26	27	28	29	30
31						

January 12, 2021 (Tuesday)

12 a.m
1
2
3
4
5
6
7
8
9
10
11
12 p.m
1
2
3
4
5
6
7
8
9
10
11

FEBRUARY

S	M	T	W	T	F	S
	1	2	3	4	5	6
7	8	9	10	11	12	13
14	15	16	17	18	19	20
21	22	23	24	25	26	27
28						

MARCH

S	M	T	W	T	F	S
	1	2	3	4	5	6
7	8	9	10	11	12	13
14	15	16	17	18	19	20
21	22	23	24	25	26	27
28	29	30	31			

12 a.m
1
2
3
4
5
6
7
8
9
10
11
12 p.m
1
2
3
4
5
6
7
8
9
10
11

DECEMBER 2020

S	M	T	W	T	F	S
		1	2	3	4	5
6	7	8	9	10	11	12
13	14	15	16	17	18	19
20	21	22	23	24	25	26
27	28	29	30	31		

JANUARY

S	M	T	W	T	F	S
					1	2
3	4	5	6	7	8	9
10	11	12	13	14	15	16
17	18	19	20	21	22	23
24	25	26	27	28	29	30
31						

January 14, 2021 (Thursday)

12 a.m
1
2
3
4
5
6
7
8
9
10
11
12 p.m
1
2
3
4
5
6
7
8
9
10
11

FEBRUARY

S	M	T	W	T	F	S
	1	2	3	4	5	6
7	8	9	10	11	12	13
14	15	16	17	18	19	20
21	22	23	24	25	26	27
28						

MARCH

S	M	T	W	T	F	S
	1	2	3	4	5	6
7	8	9	10	11	12	13
14	15	16	17	18	19	20
21	22	23	24	25	26	27
28	29	30	31			

12 a.m
1
2
3
4
5
6
7
8
9
10
11
12 p.m
1
2
3
4
5
6
7
8
9
10
11

DECEMBER 2020

S	M	T	W	T	F	S
		1	2	3	4	5
6	7	8	9	10	11	12
13	14	15	16	17	18	19
20	21	22	23	24	25	26
27	28	29	30	31		

JANUARY

S	M	T	W	T	F	S
					1	2
3	4	5	6	7	8	9
10	11	12	13	14	15	16
17	18	19	20	21	22	23
24	25	26	27	28	29	30
31						

January 16, 2021 (Saturday)

12 a.m
1
2
3
4
5
6
7
8
9
10
11
12 p.m
1
2
3
4
5
6
7
8
9
10
11

FEBRUARY

S	M	T	W	T	F	S
	1	2	3	4	5	6
7	8	9	10	11	12	13
14	15	16	17	18	19	20
21	22	23	24	25	26	27
28						

MARCH

S	M	T	W	T	F	S
	1	2	3	4	5	6
7	8	9	10	11	12	13
14	15	16	17	18	19	20
21	22	23	24	25	26	27
28	29	30	31			

January 17, 2021 (Sunday)

12 a.m
1
2
3
4
5
6
7
8
9
10
11
12 p.m
1
2
3
4
5
6
7
8
9
10
11

DECEMBER 2020

S	M	T	W	T	F	S
		1	2	3	4	5
6	7	8	9	10	11	12
13	14	15	16	17	18	19
20	21	22	23	24	25	26
27	28	29	30	31		

JANUARY

S	M	T	W	T	F	S
					1	2
3	4	5	6	7	8	9
10	11	12	13	14	15	16
17	18	19	20	21	22	23
24	25	26	27	28	29	30
31						

Martin Luther King Day

January 18, 2021 (Monday)

12 a.m
1
2
3
4
5
6
7
8
9
10
11
12 p.m
1
2
3
4
5
6
7
8
9
10
11

FEBRUARY

S	M	T	W	T	F	S
	1	2	3	4	5	6
7	8	9	10	11	12	13
14	15	16	17	18	19	20
21	22	23	24	25	26	27
28						

MARCH

S	M	T	W	T	F	S
	1	2	3	4	5	6
7	8	9	10	11	12	13
14	15	16	17	18	19	20
21	22	23	24	25	26	27
28	29	30	31			

12 a.m
1
2
3
4
5
6
7
8
9
10
11
12 p.m
1
2
3
4
5
6
7
8
9
10
11

DECEMBER 2020

S	M	T	W	T	F	S
		1	2	3	4	5
6	7	8	9	10	11	12
13	14	15	16	17	18	19
20	21	22	23	24	25	26
27	28	29	30	31		

JANUARY

S	M	T	W	T	F	S
					1	2
3	4	5	6	7	8	9
10	11	12	13	14	15	16
17	18	19	20	21	22	23
24	25	26	27	28	29	30
31						

January 20, 2021 (Wednesday)

12 a.m
1
2
3
4
5
6
7
8
9
10
11
12 p.m
1
2
3
4
5
6
7
8
9
10
11

FEBRUARY

S	M	T	W	T	F	S
	1	2	3	4	5	6
7	8	9	10	11	12	13
14	15	16	17	18	19	20
21	22	23	24	25	26	27
28						

MARCH

S	M	T	W	T	F	S
	1	2	3	4	5	6
7	8	9	10	11	12	13
14	15	16	17	18	19	20
21	22	23	24	25	26	27
28	29	30	31			

12 a.m
1
2
3
4
5
6
7
8
9
10
11
12 p.m
1
2
3
4
5
6
7
8
9
10
11

DECEMBER 2020

S	M	T	W	T	F	S
		1	2	3	4	5
6	7	8	9	10	11	12
13	14	15	16	17	18	19
20	21	22	23	24	25	26
27	28	29	30	31		

JANUARY

S	M	T	W	T	F	S
					1	2
3	4	5	6	7	8	9
10	11	12	13	14	15	16
17	18	19	20	21	22	23
24	25	26	27	28	29	30
31						

January 22, 2021 (Friday)

12 a.m
1
2
3
4
5
6
7
8
9
10
11
12 p.m
1
2
3
4
5
6
7
8
9
10
11

FEBRUARY

S	M	T	W	T	F	S
	1	2	3	4	5	6
7	8	9	10	11	12	13
14	15	16	17	18	19	20
21	22	23	24	25	26	27
28						

MARCH

S	M	T	W	T	F	S
	1	2	3	4	5	6
7	8	9	10	11	12	13
14	15	16	17	18	19	20
21	22	23	24	25	26	27
28	29	30	31			

12 a.m
1
2
3
4
5
6
7
8
9
10
11
12 p.m
1
2
3
4
5
6
7
8
9
10
11

DECEMBER 2020

S	M	T	W	T	F	S
		1	2	3	4	5
6	7	8	9	10	11	12
13	14	15	16	17	18	19
20	21	22	23	24	25	26
27	28	29	30	31		

JANUARY

S	M	T	W	T	F	S
					1	2
3	4	5	6	7	8	9
10	11	12	13	14	15	16
17	18	19	20	21	22	23
24	25	26	27	28	29	30
31						

January 24, 2021 (Sunday)

12 a.m
1
2
3
4
5
6
7
8
9
10
11
12 p.m
1
2
3
4
5
6
7
8
9
10
11

FEBRUARY

S	M	T	W	T	F	S
	1	2	3	4	5	6
7	8	9	10	11	12	13
14	15	16	17	18	19	20
21	22	23	24	25	26	27
28						

MARCH

S	M	T	W	T	F	S
	1	2	3	4	5	6
7	8	9	10	11	12	13
14	15	16	17	18	19	20
21	22	23	24	25	26	27
28	29	30	31			

12 a.m
1
2
3
4
5
6
7
8
9
10
11
12 p.m
1
2
3
4
5
6
7
8
9
10
11

DECEMBER 2020

S	M	T	W	T	F	S
		1	2	3	4	5
6	7	8	9	10	11	12
13	14	15	16	17	18	19
20	21	22	23	24	25	26
27	28	29	30	31		

JANUARY

S	M	T	W	T	F	S
					1	2
3	4	5	6	7	8	9
10	11	12	13	14	15	16
17	18	19	20	21	22	23
24	25	26	27	28	29	30
31						

January 26, 2021 (Tuesday)

12 a.m
1
2
3
4
5
6
7
8
9
10
11
12 p.m
1
2
3
4
5
6
7
8
9
10
11

FEBRUARY

S	M	T	W	T	F	S
	1	2	3	4	5	6
7	8	9	10	11	12	13
14	15	16	17	18	19	20
21	22	23	24	25	26	27
28						

MARCH

S	M	T	W	T	F	S
	1	2	3	4	5	6
7	8	9	10	11	12	13
14	15	16	17	18	19	20
21	22	23	24	25	26	27
28	29	30	31			

12 a.m
1
2
3
4
5
6
7
8
9
10
11
12 p.m
1
2
3
4
5
6
7
8
9
10
11

DECEMBER 2020

S	M	T	W	T	F	S
		1	2	3	4	5
6	7	8	9	10	11	12
13	14	15	16	17	18	19
20	21	22	23	24	25	26
27	28	29	30	31		

JANUARY

S	M	T	W	T	F	S
					1	2
3	4	5	6	7	8	9
10	11	12	13	14	15	16
17	18	19	20	21	22	23
24	25	26	27	28	29	30
31						

January 28, 2021 (Thursday)

12 a.m
1
2
3
4
5
6
7
8
9
10
11
12 p.m
1
2
3
4
5
6
7
8
9
10
11

FEBRUARY

S	M	T	W	T	F	S
	1	2	3	4	5	6
7	8	9	10	11	12	13
14	15	16	17	18	19	20
21	22	23	24	25	26	27
28						

MARCH

S	M	T	W	T	F	S
	1	2	3	4	5	6
7	8	9	10	11	12	13
14	15	16	17	18	19	20
21	22	23	24	25	26	27
28	29	30	31			

12 a.m
1
2
3
4
5
6
7
8
9
10
11
12 p.m
1
2
3
4
5
6
7
8
9
10
11

DECEMBER 2020

S	M	T	W	T	F	S
		1	2	3	4	5
6	7	8	9	10	11	12
13	14	15	16	17	18	19
20	21	22	23	24	25	26
27	28	29	30	31		

JANUARY

S	M	T	W	T	F	S
					1	2
3	4	5	6	7	8	9
10	11	12	13	14	15	16
17	18	19	20	21	22	23
24	25	26	27	28	29	30
31						

January 30, 2021 (Saturday)

12 a.m
1
2
3
4
5
6
7
8
9
10
11
12 p.m
1
2
3
4
5
6
7
8
9
10
11

FEBRUARY

S	M	T	W	T	F	S
	1	2	3	4	5	6
7	8	9	10	11	12	13
14	15	16	17	18	19	20
21	22	23	24	25	26	27
28						

MARCH

S	M	T	W	T	F	S
	1	2	3	4	5	6
7	8	9	10	11	12	13
14	15	16	17	18	19	20
21	22	23	24	25	26	27
28	29	30	31			

12 a.m
1
2
3
4
5
6
7
8
9
10
11
12 p.m
1
2
3
4
5
6
7
8
9
10
11

DECEMBER					2020	
S	M	T	W	T	F	S
		1	2	3	4	5
6	7	8	9	10	11	12
13	14	15	16	17	18	19
20	21	22	23	24	25	26
27	28	29	30	31		

JANUARY						
S	M	T	W	T	F	S
					1	2
3	4	5	6	7	8	9
10	11	12	13	14	15	16
17	18	19	20	21	22	23
24	25	26	27	28	29	30
31						

February 1, 2021 (Monday)

12 a.m
1
2
3
4
5
6
7
8
9
10
11
12 p.m
1
2
3
4
5
6
7
8
9
10
11

FEBRUARY

S	M	T	W	T	F	S
	1	2	3	4	5	6
7	8	9	10	11	12	13
14	15	16	17	18	19	20
21	22	23	24	25	26	27
28						

MARCH

S	M	T	W	T	F	S
	1	2	3	4	5	6
7	8	9	10	11	12	13
14	15	16	17	18	19	20
21	22	23	24	25	26	27
28	29	30	31			

12 a.m
1
2
3
4
5
6
7
8
9
10
11
12 p.m
1
2
3
4
5
6
7
8
9
10
11

JANUARY

S	M	T	W	T	F	S
					1	2
3	4	5	6	7	8	9
10	11	12	13	14	15	16
17	18	19	20	21	22	23
24	25	26	27	28	29	30
31						

FEBRUARY

S	M	T	W	T	F	S
	1	2	3	4	5	6
7	8	9	10	11	12	13
14	15	16	17	18	19	20
21	22	23	24	25	26	27
28						

February 3, 2021 (Wednesday)

12 a.m
1
2
3
4
5
6
7
8
9
10
11
12 p.m
1
2
3
4
5
6
7
8
9
10
11

MARCH

S	M	T	W	T	F	S
	1	2	3	4	5	6
7	8	9	10	11	12	13
14	15	16	17	18	19	20
21	22	23	24	25	26	27
28	29	30	31			

APRIL

S	M	T	W	T	F	S
				1	2	3
4	5	6	7	8	9	10
11	12	13	14	15	16	17
18	19	20	21	22	23	24
25	26	27	28	29	30	

12 a.m
1
2
3
4
5
6
7
8
9
10
11
12 p.m
1
2
3
4
5
6
7
8
9
10
11

JANUARY

S	M	T	W	T	F	S
					1	2
3	4	5	6	7	8	9
10	11	12	13	14	15	16
17	18	19	20	21	22	23
24	25	26	27	28	29	30
31						

FEBRUARY

S	M	T	W	T	F	S
	1	2	3	4	5	6
7	8	9	10	11	12	13
14	15	16	17	18	19	20
21	22	23	24	25	26	27
28						

February 5, 2021 (Friday)

12 a.m
1
2
3
4
5
6
7
8
9
10
11
12 p.m
1
2
3
4
5
6
7
8
9
10
11

MARCH

S	M	T	W	T	F	S
	1	2	3	4	5	6
7	8	9	10	11	12	13
14	15	16	17	18	19	20
21	22	23	24	25	26	27
28	29	30	31			

APRIL

S	M	T	W	T	F	S
				1	2	3
4	5	6	7	8	9	10
11	12	13	14	15	16	17
18	19	20	21	22	23	24
25	26	27	28	29	30	

12 a.m
1
2
3
4
5
6
7
8
9
10
11
12 p.m
1
2
3
4
5
6
7
8
9
10
11

JANUARY

S	M	T	W	T	F	S
					1	2
3	4	5	6	7	8	9
10	11	12	13	14	15	16
17	18	19	20	21	22	23
24	25	26	27	28	29	30
31						

FEBRUARY

S	M	T	W	T	F	S
	1	2	3	4	5	6
7	8	9	10	11	12	13
14	15	16	17	18	19	20
21	22	23	24	25	26	27
28						

February 7, 2021 (Sunday)

12 a.m
1
2
3
4
5
6
7
8
9
10
11
12 p.m
1
2
3
4
5
6
7
8
9
10
11

MARCH

S	M	T	W	T	F	S
	1	2	3	4	5	6
7	8	9	10	11	12	13
14	15	16	17	18	19	20
21	22	23	24	25	26	27
28	29	30	31			

APRIL

S	M	T	W	T	F	S
				1	2	3
4	5	6	7	8	9	10
11	12	13	14	15	16	17
18	19	20	21	22	23	24
25	26	27	28	29	30	

12 a.m
1
2
3
4
5
6
7
8
9
10
11
12 p.m
1
2
3
4
5
6
7
8
9
10
11

JANUARY

S	M	T	W	T	F	S
					1	2
3	4	5	6	7	8	9
10	11	12	13	14	15	16
17	18	19	20	21	22	23
24	25	26	27	28	29	30
31						

FEBRUARY

S	M	T	W	T	F	S
	1	2	3	4	5	6
7	8	9	10	11	12	13
14	15	16	17	18	19	20
21	22	23	24	25	26	27
28						

February 9, 2021 (Tuesday)

12 a.m
1
2
3
4
5
6
7
8
9
10
11
12 p.m
1
2
3
4
5
6
7
8
9
10
11

MARCH

S	M	T	W	T	F	S
	1	2	3	4	5	6
7	8	9	10	11	12	13
14	15	16	17	18	19	20
21	22	23	24	25	26	27
28	29	30	31			

APRIL

S	M	T	W	T	F	S
				1	2	3
4	5	6	7	8	9	10
11	12	13	14	15	16	17
18	19	20	21	22	23	24
25	26	27	28	29	30	

12 a.m
1
2
3
4
5
6
7
8
9
10
11
12 p.m
1
2
3
4
5
6
7
8
9
10
11

JANUARY

S	M	T	W	T	F	S
					1	2
3	4	5	6	7	8	9
10	11	12	13	14	15	16
17	18	19	20	21	22	23
24	25	26	27	28	29	30
31						

FEBRUARY

S	M	T	W	T	F	S
	1	2	3	4	5	6
7	8	9	10	11	12	13
14	15	16	17	18	19	20
21	22	23	24	25	26	27
28						

February 11, 2021 (Thursday)

12 a.m
1
2
3
4
5
6
7
8
9
10
11
12 p.m
1
2
3
4
5
6
7
8
9
10
11

MARCH

S	M	T	W	T	F	S
	1	2	3	4	5	6
7	8	9	10	11	12	13
14	15	16	17	18	19	20
21	22	23	24	25	26	27
28	29	30	31			

APRIL

S	M	T	W	T	F	S
				1	2	3
4	5	6	7	8	9	10
11	12	13	14	15	16	17
18	19	20	21	22	23	24
25	26	27	28	29	30	

12 a.m
1
2
3
4
5
6
7
8
9
10
11
12 p.m
1
2
3
4
5
6
7
8
9
10
11

JANUARY

S	M	T	W	T	F	S
					1	2
3	4	5	6	7	8	9
10	11	12	13	14	15	16
17	18	19	20	21	22	23
24	25	26	27	28	29	30
31						

FEBRUARY

S	M	T	W	T	F	S
	1	2	3	4	5	6
7	8	9	10	11	12	13
14	15	16	17	18	19	20
21	22	23	24	25	26	27
28						

February 13, 2021 (Saturday)

12 a.m
1
2
3
4
5
6
7
8
9
10
11
12 p.m
1
2
3
4
5
6
7
8
9
10
11

MARCH

S	M	T	W	T	F	S
	1	2	3	4	5	6
7	8	9	10	11	12	13
14	15	16	17	18	19	20
21	22	23	24	25	26	27
28	29	30	31			

APRIL

S	M	T	W	T	F	S
				1	2	3
4	5	6	7	8	9	10
11	12	13	14	15	16	17
18	19	20	21	22	23	24
25	26	27	28	29	30	

12 a.m
1
2
3
4
5
6
7
8
9
10
11
12 p.m
1
2
3
4
5
6
7
8
9
10
11

JANUARY

S	M	T	W	T	F	S
					1	2
3	4	5	6	7	8	9
10	11	12	13	14	15	16
17	18	19	20	21	22	23
24	25	26	27	28	29	30
31						

FEBRUARY

S	M	T	W	T	F	S
	1	2	3	4	5	6
7	8	9	10	11	12	13
14	15	16	17	18	19	20
21	22	23	24	25	26	27
28						

Presidents' Day

February 15, 2021 (Monday)

12 a.m
1
2
3
4
5
6
7
8
9
10
11
12 p.m
1
2
3
4
5
6
7
8
9
10
11

MARCH

S	M	T	W	T	F	S
	1	2	3	4	5	6
7	8	9	10	11	12	13
14	15	16	17	18	19	20
21	22	23	24	25	26	27
28	29	30	31			

APRIL

S	M	T	W	T	F	S
				1	2	3
4	5	6	7	8	9	10
11	12	13	14	15	16	17
18	19	20	21	22	23	24
25	26	27	28	29	30	

12 a.m
1
2
3
4
5
6
7
8
9
10
11
12 p.m
1
2
3
4
5
6
7
8
9
10
11

JANUARY

S	M	T	W	T	F	S
					1	2
3	4	5	6	7	8	9
10	11	12	13	14	15	16
17	18	19	20	21	22	23
24	25	26	27	28	29	30
31						

FEBRUARY

S	M	T	W	T	F	S
	1	2	3	4	5	6
7	8	9	10	11	12	13
14	15	16	17	18	19	20
21	22	23	24	25	26	27
28						

February 17, 2021 (Wednesday)

12 a.m
1
2
3
4
5
6
7
8
9
10
11
12 p.m
1
2
3
4
5
6
7
8
9
10
11

MARCH

S	M	T	W	T	F	S
	1	2	3	4	5	6
7	8	9	10	11	12	13
14	15	16	17	18	19	20
21	22	23	24	25	26	27
28	29	30	31			

APRIL

S	M	T	W	T	F	S
				1	2	3
4	5	6	7	8	9	10
11	12	13	14	15	16	17
18	19	20	21	22	23	24
25	26	27	28	29	30	

12 a.m
1
2
3
4
5
6
7
8
9
10
11
12 p.m
1
2
3
4
5
6
7
8
9
10
11

JANUARY

S	M	T	W	T	F	S
					1	2
3	4	5	6	7	8	9
10	11	12	13	14	15	16
17	18	19	20	21	22	23
24	25	26	27	28	29	30
31						

FEBRUARY

S	M	T	W	T	F	S
	1	2	3	4	5	6
7	8	9	10	11	12	13
14	15	16	17	18	19	20
21	22	23	24	25	26	27
28						

February 19, 2021 (Friday)

12 a.m
1
2
3
4
5
6
7
8
9
10
11
12 p.m
1
2
3
4
5
6
7
8
9
10
11

MARCH

S	M	T	W	T	F	S
	1	2	3	4	5	6
7	8	9	10	11	12	13
14	15	16	17	18	19	20
21	22	23	24	25	26	27
28	29	30	31			

APRIL

S	M	T	W	T	F	S
				1	2	3
4	5	6	7	8	9	10
11	12	13	14	15	16	17
18	19	20	21	22	23	24
25	26	27	28	29	30	

12 a.m
1
2
3
4
5
6
7
8
9
10
11
12 p.m
1
2
3
4
5
6
7
8
9
10
11

JANUARY

S	M	T	W	T	F	S
					1	2
3	4	5	6	7	8	9
10	11	12	13	14	15	16
17	18	19	20	21	22	23
24	25	26	27	28	29	30
31						

FEBRUARY

S	M	T	W	T	F	S
	1	2	3	4	5	6
7	8	9	10	11	12	13
14	15	16	17	18	19	20
21	22	23	24	25	26	27
28						

February 21, 2021 (Sunday)

12 a.m
1
2
3
4
5
6
7
8
9
10
11
12 p.m
1
2
3
4
5
6
7
8
9
10
11

MARCH

S	M	T	W	T	F	S
	1	2	3	4	5	6
7	8	9	10	11	12	13
14	15	16	17	18	19	20
21	22	23	24	25	26	27
28	29	30	31			

APRIL

S	M	T	W	T	F	S
				1	2	3
4	5	6	7	8	9	10
11	12	13	14	15	16	17
18	19	20	21	22	23	24
25	26	27	28	29	30	

12 a.m
1
2
3
4
5
6
7
8
9
10
11
12 p.m
1
2
3
4
5
6
7
8
9
10
11

JANUARY

S	M	T	W	T	F	S
					1	2
3	4	5	6	7	8	9
10	11	12	13	14	15	16
17	18	19	20	21	22	23
24	25	26	27	28	29	30
31						

FEBRUARY

S	M	T	W	T	F	S
	1	2	3	4	5	6
7	8	9	10	11	12	13
14	15	16	17	18	19	20
21	22	23	24	25	26	27
28						

February 23, 2021 (Tuesday)

12 a.m
1
2
3
4
5
6
7
8
9
10
11
12 p.m
1
2
3
4
5
6
7
8
9
10
11

MARCH

S	M	T	W	T	F	S
	1	2	3	4	5	6
7	8	9	10	11	12	13
14	15	16	17	18	19	20
21	22	23	24	25	26	27
28	29	30	31			

APRIL

S	M	T	W	T	F	S
				1	2	3
4	5	6	7	8	9	10
11	12	13	14	15	16	17
18	19	20	21	22	23	24
25	26	27	28	29	30	

12 a.m
1
2
3
4
5
6
7
8
9
10
11
12 p.m
1
2
3
4
5
6
7
8
9
10
11

JANUARY

S	M	T	W	T	F	S
					1	2
3	4	5	6	7	8	9
10	11	12	13	14	15	16
17	18	19	20	21	22	23
24	25	26	27	28	29	30
31						

FEBRUARY

S	M	T	W	T	F	S
	1	2	3	4	5	6
7	8	9	10	11	12	13
14	15	16	17	18	19	20
21	22	23	24	25	26	27
28						

February 25, 2021 (Thursday)

12 a.m
1
2
3
4
5
6
7
8
9
10
11
12 p.m
1
2
3
4
5
6
7
8
9
10
11

MARCH

S	M	T	W	T	F	S
	1	2	3	4	5	6
7	8	9	10	11	12	13
14	15	16	17	18	19	20
21	22	23	24	25	26	27
28	29	30	31			

APRIL

S	M	T	W	T	F	S
				1	2	3
4	5	6	7	8	9	10
11	12	13	14	15	16	17
18	19	20	21	22	23	24
25	26	27	28	29	30	

12 a.m
1
2
3
4
5
6
7
8
9
10
11
12 p.m
1
2
3
4
5
6
7
8
9
10
11

JANUARY

S	M	T	W	T	F	S
					1	2
3	4	5	6	7	8	9
10	11	12	13	14	15	16
17	18	19	20	21	22	23
24	25	26	27	28	29	30
31						

FEBRUARY

S	M	T	W	T	F	S
	1	2	3	4	5	6
7	8	9	10	11	12	13
14	15	16	17	18	19	20
21	22	23	24	25	26	27
28						

February 27, 2021 (Saturday)

12 a.m
1
2
3
4
5
6
7
8
9
10
11
12 p.m
1
2
3
4
5
6
7
8
9
10
11

MARCH

S	M	T	W	T	F	S
	1	2	3	4	5	6
7	8	9	10	11	12	13
14	15	16	17	18	19	20
21	22	23	24	25	26	27
28	29	30	31			

APRIL

S	M	T	W	T	F	S
				1	2	3
4	5	6	7	8	9	10
11	12	13	14	15	16	17
18	19	20	21	22	23	24
25	26	27	28	29	30	

12 a.m
1
2
3
4
5
6
7
8
9
10
11
12 p.m
1
2
3
4
5
6
7
8
9
10
11

JANUARY

S	M	T	W	T	F	S
					1	2
3	4	5	6	7	8	9
10	11	12	13	14	15	16
17	18	19	20	21	22	23
24	25	26	27	28	29	30
31						

FEBRUARY

S	M	T	W	T	F	S
	1	2	3	4	5	6
7	8	9	10	11	12	13
14	15	16	17	18	19	20
21	22	23	24	25	26	27
28						

March 1, 2021 (Monday)

12 a.m
1
2
3
4
5
6
7
8
9
10
11
12 p.m
1
2
3
4
5
6
7
8
9
10
11

MARCH

S	M	T	W	T	F	S
	1	2	3	4	5	6
7	8	9	10	11	12	13
14	15	16	17	18	19	20
21	22	23	24	25	26	27
28	29	30	31			

APRIL

S	M	T	W	T	F	S
				1	2	3
4	5	6	7	8	9	10
11	12	13	14	15	16	17
18	19	20	21	22	23	24
25	26	27	28	29	30	

12 a.m
1
2
3
4
5
6
7
8
9
10
11
12 p.m
1
2
3
4
5
6
7
8
9
10
11

FEBRUARY

S	M	T	W	T	F	S
	1	2	3	4	5	6
7	8	9	10	11	12	13
14	15	16	17	18	19	20
21	22	23	24	25	26	27
28						

MARCH

S	M	T	W	T	F	S
	1	2	3	4	5	6
7	8	9	10	11	12	13
14	15	16	17	18	19	20
21	22	23	24	25	26	27
28	29	30	31			

March 3, 2021 (Wednesday)

12 a.m
1
2
3
4
5
6
7
8
9
10
11
12 p.m
1
2
3
4
5
6
7
8
9
10
11

APRIL

S	M	T	W	T	F	S
				1	2	3
4	5	6	7	8	9	10
11	12	13	14	15	16	17
18	19	20	21	22	23	24
25	26	27	28	29	30	

MAY

S	M	T	W	T	F	S
						1
2	3	4	5	6	7	8
9	10	11	12	13	14	15
16	17	18	19	20	21	22
23	24	25	26	27	28	29
30	31					

12 a.m
1
2
3
4
5
6
7
8
9
10
11
12 p.m
1
2
3
4
5
6
7
8
9
10
11

FEBRUARY

S	M	T	W	T	F	S
	1	2	3	4	5	6
7	8	9	10	11	12	13
14	15	16	17	18	19	20
21	22	23	24	25	26	27
28						

MARCH

S	M	T	W	T	F	S
	1	2	3	4	5	6
7	8	9	10	11	12	13
14	15	16	17	18	19	20
21	22	23	24	25	26	27
28	29	30	31			

12 a.m
1
2
3
4
5
6
7
8
9
10
11
12 p.m
1
2
3
4
5
6
7
8
9
10
11

APRIL

S	M	T	W	T	F	S
				1	2	3
4	5	6	7	8	9	10
11	12	13	14	15	16	17
18	19	20	21	22	23	24
25	26	27	28	29	30	

MAY

S	M	T	W	T	F	S
						1
2	3	4	5	6	7	8
9	10	11	12	13	14	15
16	17	18	19	20	21	22
23	24	25	26	27	28	29
30	31					

12 a.m
1
2
3
4
5
6
7
8
9
10
11
12 p.m
1
2
3
4
5
6
7
8
9
10
11

FEBRUARY

S	M	T	W	T	F	S
	1	2	3	4	5	6
7	8	9	10	11	12	13
14	15	16	17	18	19	20
21	22	23	24	25	26	27
28						

MARCH

S	M	T	W	T	F	S
	1	2	3	4	5	6
7	8	9	10	11	12	13
14	15	16	17	18	19	20
21	22	23	24	25	26	27
28	29	30	31			

March 7, 2021 (Sunday)

12 a.m
1
2
3
4
5
6
7
8
9
10
11
12 p.m
1
2
3
4
5
6
7
8
9
10
11

APRIL

S	M	T	W	T	F	S
				1	2	3
4	5	6	7	8	9	10
11	12	13	14	15	16	17
18	19	20	21	22	23	24
25	26	27	28	29	30	

MAY

S	M	T	W	T	F	S
						1
2	3	4	5	6	7	8
9	10	11	12	13	14	15
16	17	18	19	20	21	22
23	24	25	26	27	28	29
30	31					

12 a.m
1
2
3
4
5
6
7
8
9
10
11
12 p.m
1
2
3
4
5
6
7
8
9
10
11

FEBRUARY

S	M	T	W	T	F	S
	1	2	3	4	5	6
7	8	9	10	11	12	13
14	15	16	17	18	19	20
21	22	23	24	25	26	27
28						

MARCH

S	M	T	W	T	F	S
	1	2	3	4	5	6
7	8	9	10	11	12	13
14	15	16	17	18	19	20
21	22	23	24	25	26	27
28	29	30	31			

March 9, 2021 (Tuesday)

12 a.m
1
2
3
4
5
6
7
8
9
10
11
12 p.m
1
2
3
4
5
6
7
8
9
10
11

APRIL

S	M	T	W	T	F	S
				1	2	3
4	5	6	7	8	9	10
11	12	13	14	15	16	17
18	19	20	21	22	23	24
25	26	27	28	29	30	

MAY

S	M	T	W	T	F	S
						1
2	3	4	5	6	7	8
9	10	11	12	13	14	15
16	17	18	19	20	21	22
23	24	25	26	27	28	29
30	31					

12 a.m
1
2
3
4
5
6
7
8
9
10
11
12 p.m
1
2
3
4
5
6
7
8
9
10
11

FEBRUARY

S	M	T	W	T	F	S
	1	2	3	4	5	6
7	8	9	10	11	12	13
14	15	16	17	18	19	20
21	22	23	24	25	26	27
28						

MARCH

S	M	T	W	T	F	S
	1	2	3	4	5	6
7	8	9	10	11	12	13
14	15	16	17	18	19	20
21	22	23	24	25	26	27
28	29	30	31			

March 11, 2021 (Thursday)

12 a.m
1
2
3
4
5
6
7
8
9
10
11
12 p.m
1
2
3
4
5
6
7
8
9
10
11

APRIL

S	M	T	W	T	F	S
				1	2	3
4	5	6	7	8	9	10
11	12	13	14	15	16	17
18	19	20	21	22	23	24
25	26	27	28	29	30	

MAY

S	M	T	W	T	F	S
						1
2	3	4	5	6	7	8
9	10	11	12	13	14	15
16	17	18	19	20	21	22
23	24	25	26	27	28	29
30	31					

12 a.m
1
2
3
4
5
6
7
8
9
10
11
12 p.m
1
2
3
4
5
6
7
8
9
10
11

FEBRUARY

S	M	T	W	T	F	S
	1	2	3	4	5	6
7	8	9	10	11	12	13
14	15	16	17	18	19	20
21	22	23	24	25	26	27
28						

MARCH

S	M	T	W	T	F	S
	1	2	3	4	5	6
7	8	9	10	11	12	13
14	15	16	17	18	19	20
21	22	23	24	25	26	27
28	29	30	31			

March 13, 2021 (Saturday)

12 a.m
1
2
3
4
5
6
7
8
9
10
11
12 p.m
1
2
3
4
5
6
7
8
9
10
11

APRIL

S	M	T	W	T	F	S
				1	2	3
4	5	6	7	8	9	10
11	12	13	14	15	16	17
18	19	20	21	22	23	24
25	26	27	28	29	30	

MAY

S	M	T	W	T	F	S
						1
2	3	4	5	6	7	8
9	10	11	12	13	14	15
16	17	18	19	20	21	22
23	24	25	26	27	28	29
30	31					

12 a.m
1
2
3
4
5
6
7
8
9
10
11
12 p.m
1
2
3
4
5
6
7
8
9
10
11

FEBRUARY

S	M	T	W	T	F	S
	1	2	3	4	5	6
7	8	9	10	11	12	13
14	15	16	17	18	19	20
21	22	23	24	25	26	27
28						

MARCH

S	M	T	W	T	F	S
	1	2	3	4	5	6
7	8	9	10	11	12	13
14	15	16	17	18	19	20
21	22	23	24	25	26	27
28	29	30	31			

March 15, 2021 (Monday)

12 a.m
1
2
3
4
5
6
7
8
9
10
11
12 p.m
1
2
3
4
5
6
7
8
9
10
11

APRIL

S	M	T	W	T	F	S
				1	2	3
4	5	6	7	8	9	10
11	12	13	14	15	16	17
18	19	20	21	22	23	24
25	26	27	28	29	30	

MAY

S	M	T	W	T	F	S
						1
2	3	4	5	6	7	8
9	10	11	12	13	14	15
16	17	18	19	20	21	22
23	24	25	26	27	28	29
30	31					

12 a.m
1
2
3
4
5
6
7
8
9
10
11
12 p.m
1
2
3
4
5
6
7
8
9
10
11

FEBRUARY

S	M	T	W	T	F	S
	1	2	3	4	5	6
7	8	9	10	11	12	13
14	15	16	17	18	19	20
21	22	23	24	25	26	27
28						

MARCH

S	M	T	W	T	F	S
	1	2	3	4	5	6
7	8	9	10	11	12	13
14	15	16	17	18	19	20
21	22	23	24	25	26	27
28	29	30	31			

12 a.m
1
2
3
4
5
6
7
8
9
10
11
12 p.m
1
2
3
4
5
6
7
8
9
10
11

APRIL

S	M	T	W	T	F	S
				1	2	3
4	5	6	7	8	9	10
11	12	13	14	15	16	17
18	19	20	21	22	23	24
25	26	27	28	29	30	

MAY

S	M	T	W	T	F	S
						1
2	3	4	5	6	7	8
9	10	11	12	13	14	15
16	17	18	19	20	21	22
23	24	25	26	27	28	29
30	31					

12 a.m
1
2
3
4
5
6
7
8
9
10
11
12 p.m
1
2
3
4
5
6
7
8
9
10
11

FEBRUARY

S	M	T	W	T	F	S
	1	2	3	4	5	6
7	8	9	10	11	12	13
14	15	16	17	18	19	20
21	22	23	24	25	26	27
28						

MARCH

S	M	T	W	T	F	S
	1	2	3	4	5	6
7	8	9	10	11	12	13
14	15	16	17	18	19	20
21	22	23	24	25	26	27
28	29	30	31			

March 19, 2021 (Friday)

12 a.m
1
2
3
4
5
6
7
8
9
10
11
12 p.m
1
2
3
4
5
6
7
8
9
10
11

APRIL

S	M	T	W	T	F	S
				1	2	3
4	5	6	7	8	9	10
11	12	13	14	15	16	17
18	19	20	21	22	23	24
25	26	27	28	29	30	

MAY

S	M	T	W	T	F	S
						1
2	3	4	5	6	7	8
9	10	11	12	13	14	15
16	17	18	19	20	21	22
23	24	25	26	27	28	29
30	31					

12 a.m
1
2
3
4
5
6
7
8
9
10
11
12 p.m
1
2
3
4
5
6
7
8
9
10
11

FEBRUARY

S	M	T	W	T	F	S
	1	2	3	4	5	6
7	8	9	10	11	12	13
14	15	16	17	18	19	20
21	22	23	24	25	26	27
28						

MARCH

S	M	T	W	T	F	S
	1	2	3	4	5	6
7	8	9	10	11	12	13
14	15	16	17	18	19	20
21	22	23	24	25	26	27
28	29	30	31			

March 21, 2021 (Sunday)

12 a.m
1
2
3
4
5
6
7
8
9
10
11
12 p.m
1
2
3
4
5
6
7
8
9
10
11

APRIL

S	M	T	W	T	F	S
				1	2	3
4	5	6	7	8	9	10
11	12	13	14	15	16	17
18	19	20	21	22	23	24
25	26	27	28	29	30	

MAY

S	M	T	W	T	F	S
						1
2	3	4	5	6	7	8
9	10	11	12	13	14	15
16	17	18	19	20	21	22
23	24	25	26	27	28	29
30	31					

12 a.m
1
2
3
4
5
6
7
8
9
10
11
12 p.m
1
2
3
4
5
6
7
8
9
10
11

FEBRUARY

S	M	T	W	T	F	S
	1	2	3	4	5	6
7	8	9	10	11	12	13
14	15	16	17	18	19	20
21	22	23	24	25	26	27
28						

MARCH

S	M	T	W	T	F	S
	1	2	3	4	5	6
7	8	9	10	11	12	13
14	15	16	17	18	19	20
21	22	23	24	25	26	27
28	29	30	31			

March 23, 2021 (Tuesday)

12 a.m
1
2
3
4
5
6
7
8
9
10
11
12 p.m
1
2
3
4
5
6
7
8
9
10
11

APRIL

S	M	T	W	T	F	S
				1	2	3
4	5	6	7	8	9	10
11	12	13	14	15	16	17
18	19	20	21	22	23	24
25	26	27	28	29	30	

MAY

S	M	T	W	T	F	S
						1
2	3	4	5	6	7	8
9	10	11	12	13	14	15
16	17	18	19	20	21	22
23	24	25	26	27	28	29
30	31					

12 a.m
1
2
3
4
5
6
7
8
9
10
11
12 p.m
1
2
3
4
5
6
7
8
9
10
11

FEBRUARY

S	M	T	W	T	F	S
	1	2	3	4	5	6
7	8	9	10	11	12	13
14	15	16	17	18	19	20
21	22	23	24	25	26	27
28						

MARCH

S	M	T	W	T	F	S
	1	2	3	4	5	6
7	8	9	10	11	12	13
14	15	16	17	18	19	20
21	22	23	24	25	26	27
28	29	30	31			

March 25, 2021 (Thursday)

12 a.m
1
2
3
4
5
6
7
8
9
10
11
12 p.m
1
2
3
4
5
6
7
8
9
10
11

APRIL

S	M	T	W	T	F	S
				1	2	3
4	5	6	7	8	9	10
11	12	13	14	15	16	17
18	19	20	21	22	23	24
25	26	27	28	29	30	

MAY

S	M	T	W	T	F	S
						1
2	3	4	5	6	7	8
9	10	11	12	13	14	15
16	17	18	19	20	21	22
23	24	25	26	27	28	29
30	31					

12 a.m
1
2
3
4
5
6
7
8
9
10
11
12 p.m
1
2
3
4
5
6
7
8
9
10
11

FEBRUARY

S	M	T	W	T	F	S
	1	2	3	4	5	6
7	8	9	10	11	12	13
14	15	16	17	18	19	20
21	22	23	24	25	26	27
28						

MARCH

S	M	T	W	T	F	S
	1	2	3	4	5	6
7	8	9	10	11	12	13
14	15	16	17	18	19	20
21	22	23	24	25	26	27
28	29	30	31			

March 27, 2021 (Saturday)

12 a.m
1
2
3
4
5
6
7
8
9
10
11
12 p.m
1
2
3
4
5
6
7
8
9
10
11

APRIL

S	M	T	W	T	F	S
				1	2	3
4	5	6	7	8	9	10
11	12	13	14	15	16	17
18	19	20	21	22	23	24
25	26	27	28	29	30	

MAY

S	M	T	W	T	F	S
						1
2	3	4	5	6	7	8
9	10	11	12	13	14	15
16	17	18	19	20	21	22
23	24	25	26	27	28	29
30	31					

12 a.m
1
2
3
4
5
6
7
8
9
10
11
12 p.m
1
2
3
4
5
6
7
8
9
10
11

FEBRUARY

S	M	T	W	T	F	S
	1	2	3	4	5	6
7	8	9	10	11	12	13
14	15	16	17	18	19	20
21	22	23	24	25	26	27
28						

MARCH

S	M	T	W	T	F	S
	1	2	3	4	5	6
7	8	9	10	11	12	13
14	15	16	17	18	19	20
21	22	23	24	25	26	27
28	29	30	31			

March 29, 2021 (Monday)

12 a.m
1
2
3
4
5
6
7
8
9
10
11
12 p.m
1
2
3
4
5
6
7
8
9
10
11

APRIL

S	M	T	W	T	F	S
				1	2	3
4	5	6	7	8	9	10
11	12	13	14	15	16	17
18	19	20	21	22	23	24
25	26	27	28	29	30	

MAY

S	M	T	W	T	F	S
						1
2	3	4	5	6	7	8
9	10	11	12	13	14	15
16	17	18	19	20	21	22
23	24	25	26	27	28	29
30	31					

March 30, 2021 (Tuesday)

12 a.m
1
2
3
4
5
6
7
8
9
10
11
12 p.m
1
2
3
4
5
6
7
8
9
10
11

FEBRUARY

S	M	T	W	T	F	S
	1	2	3	4	5	6
7	8	9	10	11	12	13
14	15	16	17	18	19	20
21	22	23	24	25	26	27
28						

MARCH

S	M	T	W	T	F	S
	1	2	3	4	5	6
7	8	9	10	11	12	13
14	15	16	17	18	19	20
21	22	23	24	25	26	27
28	29	30	31			

March 31, 2021 (Wednesday)

12 a.m
1
2
3
4
5
6
7
8
9
10
11
12 p.m
1
2
3
4
5
6
7
8
9
10
11

APRIL

S	M	T	W	T	F	S
				1	**2**	**3**
4	**5**	**6**	**7**	**8**	**9**	**10**
11	**12**	**13**	**14**	**15**	**16**	**17**
18	**19**	**20**	**21**	**22**	**23**	**24**
25	**26**	**27**	**28**	**29**	**30**	

MAY

S	M	T	W	T	F	S
						1
2	**3**	**4**	**5**	**6**	**7**	**8**
9	**10**	**11**	**12**	**13**	**14**	**15**
16	**17**	**18**	**19**	**20**	**21**	**22**
23	**24**	**25**	**26**	**27**	**28**	**29**
30	**31**					

12 a.m
1
2
3
4
5
6
7
8
9
10
11
12 p.m
1
2
3
4
5
6
7
8
9
10
11

MARCH

S	M	T	W	T	F	S
	1	2	3	4	5	6
7	8	9	10	11	12	13
14	15	16	17	18	19	20
21	22	23	24	25	26	27
28	29	30	31			

APRIL

S	M	T	W	T	F	S
				1	2	3
4	5	6	7	8	9	10
11	12	13	14	15	16	17
18	19	20	21	22	23	24
25	26	27	28	29	30	

April 2, 2021 (Friday)

12 a.m
1
2
3
4
5
6
7
8
9
10
11
12 p.m
1
2
3
4
5
6
7
8
9
10
11

MAY

S	M	T	W	T	F	S
						1
2	3	4	5	6	7	8
9	10	11	12	13	14	15
16	17	18	19	20	21	22
23	24	25	26	27	28	29
30	31					

JUNE

S	M	T	W	T	F	S
		1	2	3	4	5
6	7	8	9	10	11	12
13	14	15	16	17	18	19
20	21	22	23	24	25	26
27	28	29	30			

12 a.m
1
2
3
4
5
6
7
8
9
10
11
12 p.m
1
2
3
4
5
6
7
8
9
10
11

MARCH

S	M	T	W	T	F	S
	1	2	3	4	5	6
7	8	9	10	11	12	13
14	15	16	17	18	19	20
21	22	23	24	25	26	27
28	29	30	31			

APRIL

S	M	T	W	T	F	S
				1	2	3
4	5	6	7	8	9	10
11	12	13	14	15	16	17
18	19	20	21	22	23	24
25	26	27	28	29	30	

April 4, 2021 (Sunday)

12 a.m
1
2
3
4
5
6
7
8
9
10
11
12 p.m
1
2
3
4
5
6
7
8
9
10
11

MAY

S	M	T	W	T	F	S
						1
2	3	4	5	6	7	8
9	10	11	12	13	14	15
16	17	18	19	20	21	22
23	24	25	26	27	28	29
30	31					

JUNE

S	M	T	W	T	F	S
		1	2	3	4	5
6	7	8	9	10	11	12
13	14	15	16	17	18	19
20	21	22	23	24	25	26
27	28	29	30			

12 a.m
1
2
3
4
5
6
7
8
9
10
11
12 p.m
1
2
3
4
5
6
7
8
9
10
11

MARCH

S	M	T	W	T	F	S
	1	2	3	4	5	6
7	8	9	10	11	12	13
14	15	16	17	18	19	20
21	22	23	24	25	26	27
28	29	30	31			

APRIL

S	M	T	W	T	F	S
				1	2	3
4	5	6	7	8	9	10
11	12	13	14	15	16	17
18	19	20	21	22	23	24
25	26	27	28	29	30	

April 6, 2021 (Tuesday)

12 a.m
1
2
3
4
5
6
7
8
9
10
11
12 p.m
1
2
3
4
5
6
7
8
9
10
11

MAY

S	M	T	W	T	F	S
						1
2	3	4	5	6	7	8
9	10	11	12	13	14	15
16	17	18	19	20	21	22
23	24	25	26	27	28	29
30	31					

JUNE

S	M	T	W	T	F	S
		1	2	3	4	5
6	7	8	9	10	11	12
13	14	15	16	17	18	19
20	21	22	23	24	25	26
27	28	29	30			

12 a.m
1
2
3
4
5
6
7
8
9
10
11
12 p.m
1
2
3
4
5
6
7
8
9
10
11

MARCH

S	M	T	W	T	F	S
	1	2	3	4	5	6
7	8	9	10	11	12	13
14	15	16	17	18	19	20
21	22	23	24	25	26	27
28	29	30	31			

APRIL

S	M	T	W	T	F	S
				1	2	3
4	5	6	7	8	9	10
11	12	13	14	15	16	17
18	19	20	21	22	23	24
25	26	27	28	29	30	

April 8, 2021 (Thursday)

12 a.m
1
2
3
4
5
6
7
8
9
10
11
12 p.m
1
2
3
4
5
6
7
8
9
10
11

MAY

S	M	T	W	T	F	S
						1
2	3	4	5	6	7	8
9	10	11	12	13	14	15
16	17	18	19	20	21	22
23	24	25	26	27	28	29
30	31					

JUNE

S	M	T	W	T	F	S
		1	2	3	4	5
6	7	8	9	10	11	12
13	14	15	16	17	18	19
20	21	22	23	24	25	26
27	28	29	30			

12 a.m
1
2
3
4
5
6
7
8
9
10
11
12 p.m
1
2
3
4
5
6
7
8
9
10
11

MARCH

S	M	T	W	T	F	S
	1	2	3	4	5	6
7	8	9	10	11	12	13
14	15	16	17	18	19	20
21	22	23	24	25	26	27
28	29	30	31			

APRIL

S	M	T	W	T	F	S
				1	2	3
4	5	6	7	8	9	10
11	12	13	14	15	16	17
18	19	20	21	22	23	24
25	26	27	28	29	30	

April 10, 2021 (Saturday)

12 a.m
1
2
3
4
5
6
7
8
9
10
11
12 p.m
1
2
3
4
5
6
7
8
9
10
11

MAY

S	M	T	W	T	F	S
						1
2	3	4	5	6	7	8
9	10	11	12	13	14	15
16	17	18	19	20	21	22
23	24	25	26	27	28	29
30	31					

JUNE

S	M	T	W	T	F	S
		1	2	3	4	5
6	7	8	9	10	11	12
13	14	15	16	17	18	19
20	21	22	23	24	25	26
27	28	29	30			

12 a.m
1
2
3
4
5
6
7
8
9
10
11
12 p.m
1
2
3
4
5
6
7
8
9
10
11

MARCH

S	M	T	W	T	F	S
	1	2	3	4	5	6
7	8	9	10	11	12	13
14	15	16	17	18	19	20
21	22	23	24	25	26	27
28	29	30	31			

APRIL

S	M	T	W	T	F	S
				1	2	3
4	5	6	7	8	9	10
11	12	13	14	15	16	17
18	19	20	21	22	23	24
25	26	27	28	29	30	

April 12, 2021 (Monday)

12 a.m
1
2
3
4
5
6
7
8
9
10
11
12 p.m
1
2
3
4
5
6
7
8
9
10
11

MAY

S	M	T	W	T	F	S
						1
2	3	4	5	6	7	8
9	10	11	12	13	14	15
16	17	18	19	20	21	22
23	24	25	26	27	28	29
30	31					

JUNE

S	M	T	W	T	F	S
		1	2	3	4	5
6	7	8	9	10	11	12
13	14	15	16	17	18	19
20	21	22	23	24	25	26
27	28	29	30			

12 a.m
1
2
3
4
5
6
7
8
9
10
11
12 p.m
1
2
3
4
5
6
7
8
9
10
11

MARCH

S	M	T	W	T	F	S
	1	2	3	4	5	6
7	8	9	10	11	12	13
14	15	16	17	18	19	20
21	22	23	24	25	26	27
28	29	30	31			

APRIL

S	M	T	W	T	F	S
				1	2	3
4	5	6	7	8	9	10
11	12	13	14	15	16	17
18	19	20	21	22	23	24
25	26	27	28	29	30	

April 14, 2021 (Wednesday)

12 a.m
1
2
3
4
5
6
7
8
9
10
11
12 p.m
1
2
3
4
5
6
7
8
9
10
11

MAY

S	M	T	W	T	F	S
						1
2	3	4	5	6	7	8
9	10	11	12	13	14	15
16	17	18	19	20	21	22
23	24	25	26	27	28	29
30	31					

JUNE

S	M	T	W	T	F	S
		1	2	3	4	5
6	7	8	9	10	11	12
13	14	15	16	17	18	19
20	21	22	23	24	25	26
27	28	29	30			

12 a.m
1
2
3
4
5
6
7
8
9
10
11
12 p.m
1
2
3
4
5
6
7
8
9
10
11

MARCH

S	M	T	W	T	F	S
	1	2	3	4	5	6
7	8	9	10	11	12	13
14	15	16	17	18	19	20
21	22	23	24	25	26	27
28	29	30	31			

APRIL

S	M	T	W	T	F	S
				1	2	3
4	5	6	7	8	9	10
11	12	13	14	15	16	17
18	19	20	21	22	23	24
25	26	27	28	29	30	

April 16, 2021 (Friday)

12 a.m
1
2
3
4
5
6
7
8
9
10
11
12 p.m
1
2
3
4
5
6
7
8
9
10
11

MAY

S	M	T	W	T	F	S
						1
2	3	4	5	6	7	8
9	10	11	12	13	14	15
16	17	18	19	20	21	22
23	24	25	26	27	28	29
30	31					

JUNE

S	M	T	W	T	F	S
		1	2	3	4	5
6	7	8	9	10	11	12
13	14	15	16	17	18	19
20	21	22	23	24	25	26
27	28	29	30			

12 a.m
1
2
3
4
5
6
7
8
9
10
11
12 p.m
1
2
3
4
5
6
7
8
9
10
11

MARCH

S	M	T	W	T	F	S
	1	2	3	4	5	6
7	8	9	10	11	12	13
14	15	16	17	18	19	20
21	22	23	24	25	26	27
28	29	30	31			

APRIL

S	M	T	W	T	F	S
				1	2	3
4	5	6	7	8	9	10
11	12	13	14	15	16	17
18	19	20	21	22	23	24
25	26	27	28	29	30	

April 18, 2021 (Sunday)

12 a.m
1
2
3
4
5
6
7
8
9
10
11
12 p.m
1
2
3
4
5
6
7
8
9
10
11

MAY

S	M	T	W	T	F	S
						1
2	3	4	5	6	7	8
9	10	11	12	13	14	15
16	17	18	19	20	21	22
23	24	25	26	27	28	29
30	31					

JUNE

S	M	T	W	T	F	S
		1	2	3	4	5
6	7	8	9	10	11	12
13	14	15	16	17	18	19
20	21	22	23	24	25	26
27	28	29	30			

12 a.m
1
2
3
4
5
6
7
8
9
10
11
12 p.m
1
2
3
4
5
6
7
8
9
10
11

MARCH

S	M	T	W	T	F	S
	1	2	3	4	5	6
7	8	9	10	11	12	13
14	15	16	17	18	19	20
21	22	23	24	25	26	27
28	29	30	31			

APRIL

S	M	T	W	T	F	S
				1	2	3
4	5	6	7	8	9	10
11	12	13	14	15	16	17
18	19	20	21	22	23	24
25	26	27	28	29	30	

April 20, 2021 (Tuesday)

12 a.m
1
2
3
4
5
6
7
8
9
10
11
12 p.m
1
2
3
4
5
6
7
8
9
10
11

MAY

S	M	T	W	T	F	S
						1
2	3	4	5	6	7	8
9	10	11	12	13	14	15
16	17	18	19	20	21	22
23	24	25	26	27	28	29
30	31					

JUNE

S	M	T	W	T	F	S
		1	2	3	4	5
6	7	8	9	10	11	12
13	14	15	16	17	18	19
20	21	22	23	24	25	26
27	28	29	30			

12 a.m
1
2
3
4
5
6
7
8
9
10
11
12 p.m
1
2
3
4
5
6
7
8
9
10
11

MARCH

S	M	T	W	T	F	S
	1	2	3	4	5	6
7	8	9	10	11	12	13
14	15	16	17	18	19	20
21	22	23	24	25	26	27
28	29	30	31			

APRIL

S	M	T	W	T	F	S
				1	2	3
4	5	6	7	8	9	10
11	12	13	14	15	16	17
18	19	20	21	22	23	24
25	26	27	28	29	30	

April 22, 2021 (Thursday)

12	a.m
1	
2	
3	
4	
5	
6	
7	
8	
9	
10	
11	
12	p.m
1	
2	
3	
4	
5	
6	
7	
8	
9	
10	
11	

MAY

S	M	T	W	T	F	S
						1
2	3	4	5	6	7	8
9	10	11	12	13	14	15
16	17	18	19	20	21	22
23	24	25	26	27	28	29
30	31					

JUNE

S	M	T	W	T	F	S
		1	2	3	4	5
6	7	8	9	10	11	12
13	14	15	16	17	18	19
20	21	22	23	24	25	26
27	28	29	30			

12 a.m
1
2
3
4
5
6
7
8
9
10
11
12 p.m
1
2
3
4
5
6
7
8
9
10
11

MARCH

S	M	T	W	T	F	S
	1	2	3	4	5	6
7	8	9	10	11	12	13
14	15	16	17	18	19	20
21	22	23	24	25	26	27
28	29	30	31			

APRIL

S	M	T	W	T	F	S
				1	2	3
4	5	6	7	8	9	10
11	12	13	14	15	16	17
18	19	20	21	22	23	24
25	26	27	28	29	30	

April 24, 2021 (Saturday)

12 a.m
1
2
3
4
5
6
7
8
9
10
11
12 p.m
1
2
3
4
5
6
7
8
9
10
11

MAY

S	M	T	W	T	F	S
						1
2	3	4	5	6	7	8
9	10	11	12	13	14	15
16	17	18	19	20	21	22
23	24	25	26	27	28	29
30	31					

JUNE

S	M	T	W	T	F	S
		1	2	3	4	5
6	7	8	9	10	11	12
13	14	15	16	17	18	19
20	21	22	23	24	25	26
27	28	29	30			

12 a.m
1
2
3
4
5
6
7
8
9
10
11
12 p.m
1
2
3
4
5
6
7
8
9
10
11

MARCH

S	M	T	W	T	F	S
	1	2	3	4	5	6
7	8	9	10	11	12	13
14	15	16	17	18	19	20
21	22	23	24	25	26	27
28	29	30	31			

APRIL

S	M	T	W	T	F	S
				1	2	3
4	5	6	7	8	9	10
11	12	13	14	15	16	17
18	19	20	21	22	23	24
25	26	27	28	29	30	

April 26, 2021 (Monday)

12 a.m
1
2
3
4
5
6
7
8
9
10
11
12 p.m
1
2
3
4
5
6
7
8
9
10
11

MAY

S	M	T	W	T	F	S
						1
2	3	4	5	6	7	8
9	10	11	12	13	14	15
16	17	18	19	20	21	22
23	24	25	26	27	28	29
30	31					

JUNE

S	M	T	W	T	F	S
		1	2	3	4	5
6	7	8	9	10	11	12
13	14	15	16	17	18	19
20	21	22	23	24	25	26
27	28	29	30			

12 a.m
1
2
3
4
5
6
7
8
9
10
11
12 p.m
1
2
3
4
5
6
7
8
9
10
11

MARCH

S	M	T	W	T	F	S
	1	2	3	4	5	6
7	8	9	10	11	12	13
14	15	16	17	18	19	20
21	22	23	24	25	26	27
28	29	30	31			

APRIL

S	M	T	W	T	F	S
				1	2	3
4	5	6	7	8	9	10
11	12	13	14	15	16	17
18	19	20	21	22	23	24
25	26	27	28	29	30	

April 28, 2021 (Wednesday)

12 a.m
1
2
3
4
5
6
7
8
9
10
11
12 p.m
1
2
3
4
5
6
7
8
9
10
11

MAY

S	M	T	W	T	F	S
						1
2	3	4	5	6	7	8
9	10	11	12	13	14	15
16	17	18	19	20	21	22
23	24	25	26	27	28	29
30	31					

JUNE

S	M	T	W	T	F	S
		1	2	3	4	5
6	7	8	9	10	11	12
13	14	15	16	17	18	19
20	21	22	23	24	25	26
27	28	29	30			

12 a.m
1
2
3
4
5
6
7
8
9
10
11
12 p.m
1
2
3
4
5
6
7
8
9
10
11

MARCH

S	M	T	W	T	F	S
	1	2	3	4	5	6
7	8	9	10	11	12	13
14	15	16	17	18	19	20
21	22	23	24	25	26	27
28	29	30	31			

APRIL

S	M	T	W	T	F	S
				1	2	3
4	5	6	7	8	9	10
11	12	13	14	15	16	17
18	19	20	21	22	23	24
25	26	27	28	29	30	

April 30, 2021 (Friday)

12 a.m
1
2
3
4
5
6
7
8
9
10
11
12 p.m
1
2
3
4
5
6
7
8
9
10
11

MAY

S	M	T	W	T	F	S
						1
2	3	4	5	6	7	8
9	10	11	12	13	14	15
16	17	18	19	20	21	22
23	24	25	26	27	28	29
30	31					

JUNE

S	M	T	W	T	F	S
		1	2	3	4	5
6	7	8	9	10	11	12
13	14	15	16	17	18	19
20	21	22	23	24	25	26
27	28	29	30			

12 a.m
1
2
3
4
5
6
7
8
9
10
11
12 p.m
1
2
3
4
5
6
7
8
9
10
11

APRIL

S	M	T	W	T	F	S
				1	2	3
4	5	6	7	8	9	10
11	12	13	14	15	16	17
18	19	20	21	22	23	24
25	26	27	28	29	30	

MAY

S	M	T	W	T	F	S
						1
2	3	4	5	6	7	8
9	10	11	12	13	14	15
16	17	18	19	20	21	22
23	24	25	26	27	28	29
30	31					

May 2, 2021 (Sunday)

12 a.m
1
2
3
4
5
6
7
8
9
10
11
12 p.m
1
2
3
4
5
6
7
8
9
10
11

JUNE

S	M	T	W	T	F	S
		1	2	3	4	5
6	7	8	9	10	11	12
13	14	15	16	17	18	19
20	21	22	23	24	25	26
27	28	29	30			

JULY

S	M	T	W	T	F	S
				1	2	3
4	5	6	7	8	9	10
11	12	13	14	15	16	17
18	19	20	21	22	23	24
25	26	27	28	29	30	31

12 a.m
1
2
3
4
5
6
7
8
9
10
11
12 p.m
1
2
3
4
5
6
7
8
9
10
11

APRIL

S	M	T	W	T	F	S
				1	2	3
4	5	6	7	8	9	10
11	12	13	14	15	16	17
18	19	20	21	22	23	24
25	26	27	28	29	30	

MAY

S	M	T	W	T	F	S
						1
2	3	4	5	6	7	8
9	10	11	12	13	14	15
16	17	18	19	20	21	22
23	24	25	26	27	28	29
30	31					

May 4, 2021 (Tuesday)

12 a.m
1
2
3
4
5
6
7
8
9
10
11
12 p.m
1
2
3
4
5
6
7
8
9
10
11

JUNE

S	M	T	W	T	F	S
		1	2	3	4	5
6	7	8	9	10	11	12
13	14	15	16	17	18	19
20	21	22	23	24	25	26
27	28	29	30			

JULY

S	M	T	W	T	F	S
				1	2	3
4	5	6	7	8	9	10
11	12	13	14	15	16	17
18	19	20	21	22	23	24
25	26	27	28	29	30	31

12 a.m
1
2
3
4
5
6
7
8
9
10
11
12 p.m
1
2
3
4
5
6
7
8
9
10
11

APRIL

S	M	T	W	T	F	S
				1	2	3
4	5	6	7	8	9	10
11	12	13	14	15	16	17
18	19	20	21	22	23	24
25	26	27	28	29	30	

MAY

S	M	T	W	T	F	S
						1
2	3	4	5	6	7	8
9	10	11	12	13	14	15
16	17	18	19	20	21	22
23	24	25	26	27	28	29
30	31					

May 6, 2021 (Thursday)

12 a.m
1
2
3
4
5
6
7
8
9
10
11
12 p.m
1
2
3
4
5
6
7
8
9
10
11

JUNE

S	M	T	W	T	F	S
		1	2	3	4	5
6	7	8	9	10	11	12
13	14	15	16	17	18	19
20	21	22	23	24	25	26
27	28	29	30			

JULY

S	M	T	W	T	F	S
				1	2	3
4	5	6	7	8	9	10
11	12	13	14	15	16	17
18	19	20	21	22	23	24
25	26	27	28	29	30	31

12 a.m
1
2
3
4
5
6
7
8
9
10
11
12 p.m
1
2
3
4
5
6
7
8
9
10
11

APRIL

S	M	T	W	T	F	S
				1	2	3
4	5	6	7	8	9	10
11	12	13	14	15	16	17
18	19	20	21	22	23	24
25	26	27	28	29	30	

MAY

S	M	T	W	T	F	S
						1
2	3	4	5	6	7	8
9	10	11	12	13	14	15
16	17	18	19	20	21	22
23	24	25	26	27	28	29
30	31					

May 8, 2021 (Saturday)

12 a.m
1
2
3
4
5
6
7
8
9
10
11
12 p.m
1
2
3
4
5
6
7
8
9
10
11

JUNE

S	M	T	W	T	F	S
		1	2	3	4	5
6	7	8	9	10	11	12
13	14	15	16	17	18	19
20	21	22	23	24	25	26
27	28	29	30			

JULY

S	M	T	W	T	F	S
				1	2	3
4	5	6	7	8	9	10
11	12	13	14	15	16	17
18	19	20	21	22	23	24
25	26	27	28	29	30	31

12 a.m
1
2
3
4
5
6
7
8
9
10
11
12 p.m
1
2
3
4
5
6
7
8
9
10
11

APRIL

S	M	T	W	T	F	S
				1	2	3
4	5	6	7	8	9	10
11	12	13	14	15	16	17
18	19	20	21	22	23	24
25	26	27	28	29	30	

MAY

S	M	T	W	T	F	S
						1
2	3	4	5	6	7	8
9	10	11	12	13	14	15
16	17	18	19	20	21	22
23	24	25	26	27	28	29
30	31					

May 10, 2021 (Monday)

12 a.m
1
2
3
4
5
6
7
8
9
10
11
12 p.m
1
2
3
4
5
6
7
8
9
10
11

JUNE

S	M	T	W	T	F	S
		1	2	3	4	5
6	7	8	9	10	11	12
13	14	15	16	17	18	19
20	21	22	23	24	25	26
27	28	29	30			

JULY

S	M	T	W	T	F	S
				1	2	3
4	5	6	7	8	9	10
11	12	13	14	15	16	17
18	19	20	21	22	23	24
25	26	27	28	29	30	31

12 a.m
1
2
3
4
5
6
7
8
9
10
11
12 p.m
1
2
3
4
5
6
7
8
9
10
11

APRIL

S	M	T	W	T	F	S
				1	2	3
4	5	6	7	8	9	10
11	12	13	14	15	16	17
18	19	20	21	22	23	24
25	26	27	28	29	30	

MAY

S	M	T	W	T	F	S
						1
2	3	4	5	6	7	8
9	10	11	12	13	14	15
16	17	18	19	20	21	22
23	24	25	26	27	28	29
30	31					

May 12, 2021 (Wednesday)

12 a.m
1
2
3
4
5
6
7
8
9
10
11
12 p.m
1
2
3
4
5
6
7
8
9
10
11

JUNE

S	M	T	W	T	F	S
		1	2	3	4	5
6	7	8	9	10	11	12
13	14	15	16	17	18	19
20	21	22	23	24	25	26
27	28	29	30			

JULY

S	M	T	W	T	F	S
				1	2	3
4	5	6	7	8	9	10
11	12	13	14	15	16	17
18	19	20	21	22	23	24
25	26	27	28	29	30	31

12 a.m
1
2
3
4
5
6
7
8
9
10
11
12 p.m
1
2
3
4
5
6
7
8
9
10
11

APRIL

S	M	T	W	T	F	S
				1	2	3
4	5	6	7	8	9	10
11	12	13	14	15	16	17
18	19	20	21	22	23	24
25	26	27	28	29	30	

MAY

S	M	T	W	T	F	S
						1
2	3	4	5	6	7	8
9	10	11	12	13	14	15
16	17	18	19	20	21	22
23	24	25	26	27	28	29
30	31					

May 14, 2021 (Friday)

12 a.m
1
2
3
4
5
6
7
8
9
10
11
12 p.m
1
2
3
4
5
6
7
8
9
10
11

JUNE

S	M	T	W	T	F	S
		1	2	3	4	5
6	7	8	9	10	11	12
13	14	15	16	17	18	19
20	21	22	23	24	25	26
27	28	29	30			

JULY

S	M	T	W	T	F	S
				1	2	3
4	5	6	7	8	9	10
11	12	13	14	15	16	17
18	19	20	21	22	23	24
25	26	27	28	29	30	31

12 a.m
1
2
3
4
5
6
7
8
9
10
11
12 p.m
1
2
3
4
5
6
7
8
9
10
11

APRIL

S	M	T	W	T	F	S
				1	2	3
4	5	6	7	8	9	10
11	12	13	14	15	16	17
18	19	20	21	22	23	24
25	26	27	28	29	30	

MAY

S	M	T	W	T	F	S
						1
2	3	4	5	6	7	8
9	10	11	12	13	14	15
16	17	18	19	20	21	22
23	24	25	26	27	28	29
30	31					

May 16, 2021 (Sunday)

12 a.m
1
2
3
4
5
6
7
8
9
10
11
12 p.m
1
2
3
4
5
6
7
8
9
10
11

JUNE

S	M	T	W	T	F	S
		1	2	3	4	5
6	7	8	9	10	11	12
13	14	15	16	17	18	19
20	21	22	23	24	25	26
27	28	29	30			

JULY

S	M	T	W	T	F	S
				1	2	3
4	5	6	7	8	9	10
11	12	13	14	15	16	17
18	19	20	21	22	23	24
25	26	27	28	29	30	31

12 a.m
1
2
3
4
5
6
7
8
9
10
11
12 p.m
1
2
3
4
5
6
7
8
9
10
11

APRIL

S	M	T	W	T	F	S
				1	2	3
4	5	6	7	8	9	10
11	12	13	14	15	16	17
18	19	20	21	22	23	24
25	26	27	28	29	30	

MAY

S	M	T	W	T	F	S
						1
2	3	4	5	6	7	8
9	10	11	12	13	14	15
16	17	18	19	20	21	22
23	24	25	26	27	28	29
30	31					

May 18, 2021 (Tuesday)

12 a.m
1
2
3
4
5
6
7
8
9
10
11
12 p.m
1
2
3
4
5
6
7
8
9
10
11

JUNE

S	M	T	W	T	F	S
		1	2	3	4	5
6	7	8	9	10	11	12
13	14	15	16	17	18	19
20	21	22	23	24	25	26
27	28	29	30			

JULY

S	M	T	W	T	F	S
				1	2	3
4	5	6	7	8	9	10
11	12	13	14	15	16	17
18	19	20	21	22	23	24
25	26	27	28	29	30	31

12 a.m
1
2
3
4
5
6
7
8
9
10
11
12 p.m
1
2
3
4
5
6
7
8
9
10
11

APRIL

S	M	T	W	T	F	S
				1	2	3
4	5	6	7	8	9	10
11	12	13	14	15	16	17
18	19	20	21	22	23	24
25	26	27	28	29	30	

MAY

S	M	T	W	T	F	S
						1
2	3	4	5	6	7	8
9	10	11	12	13	14	15
16	17	18	19	20	21	22
23	24	25	26	27	28	29
30	31					

May 20, 2021 (Thursday)

12 a.m
1
2
3
4
5
6
7
8
9
10
11
12 p.m
1
2
3
4
5
6
7
8
9
10
11

JUNE

S	M	T	W	T	F	S
		1	2	3	4	5
6	7	8	9	10	11	12
13	14	15	16	17	18	19
20	21	22	23	24	25	26
27	28	29	30			

JULY

S	M	T	W	T	F	S
				1	2	3
4	5	6	7	8	9	10
11	12	13	14	15	16	17
18	19	20	21	22	23	24
25	26	27	28	29	30	31

12 a.m
1
2
3
4
5
6
7
8
9
10
11
12 p.m
1
2
3
4
5
6
7
8
9
10
11

APRIL

S	M	T	W	T	F	S
				1	2	3
4	5	6	7	8	9	10
11	12	13	14	15	16	17
18	19	20	21	22	23	24
25	26	27	28	29	30	

MAY

S	M	T	W	T	F	S
						1
2	3	4	5	6	7	8
9	10	11	12	13	14	15
16	17	18	19	20	21	22
23	24	25	26	27	28	29
30	31					

May 22, 2021 (Saturday)

12 a.m
1
2
3
4
5
6
7
8
9
10
11
12 p.m
1
2
3
4
5
6
7
8
9
10
11

JUNE

S	M	T	W	T	F	S
		1	2	3	4	5
6	7	8	9	10	11	12
13	14	15	16	17	18	19
20	21	22	23	24	25	26
27	28	29	30			

JULY

S	M	T	W	T	F	S
				1	2	3
4	5	6	7	8	9	10
11	12	13	14	15	16	17
18	19	20	21	22	23	24
25	26	27	28	29	30	31

12 a.m
1
2
3
4
5
6
7
8
9
10
11
12 p.m
1
2
3
4
5
6
7
8
9
10
11

APRIL

S	M	T	W	T	F	S
				1	2	3
4	5	6	7	8	9	10
11	12	13	14	15	16	17
18	19	20	21	22	23	24
25	26	27	28	29	30	

MAY

S	M	T	W	T	F	S
						1
2	3	4	5	6	7	8
9	10	11	12	13	14	15
16	17	18	19	20	21	22
23	24	25	26	27	28	29
30	31					

May 24, 2021 (Monday)

12 a.m
1
2
3
4
5
6
7
8
9
10
11
12 p.m
1
2
3
4
5
6
7
8
9
10
11

JUNE

S	M	T	W	T	F	S
		1	2	3	4	5
6	7	8	9	10	11	12
13	14	15	16	17	18	19
20	21	22	23	24	25	26
27	28	29	30			

JULY

S	M	T	W	T	F	S
				1	2	3
4	5	6	7	8	9	10
11	12	13	14	15	16	17
18	19	20	21	22	23	24
25	26	27	28	29	30	31

12 a.m
1
2
3
4
5
6
7
8
9
10
11
12 p.m
1
2
3
4
5
6
7
8
9
10
11

APRIL

S	M	T	W	T	F	S
				1	2	3
4	5	6	7	8	9	10
11	12	13	14	15	16	17
18	19	20	21	22	23	24
25	26	27	28	29	30	

MAY

S	M	T	W	T	F	S
						1
2	3	4	5	6	7	8
9	10	11	12	13	14	15
16	17	18	19	20	21	22
23	24	25	26	27	28	29
30	31					

May 26, 2021 (Wednesday)

12 a.m
1
2
3
4
5
6
7
8
9
10
11
12 p.m
1
2
3
4
5
6
7
8
9
10
11

JUNE

S	M	T	W	T	F	S
		1	2	3	4	5
6	7	8	9	10	11	12
13	14	15	16	17	18	19
20	21	22	23	24	25	26
27	28	29	30			

JULY

S	M	T	W	T	F	S
				1	2	3
4	5	6	7	8	9	10
11	12	13	14	15	16	17
18	19	20	21	22	23	24
25	26	27	28	29	30	31

12 a.m
1
2
3
4
5
6
7
8
9
10
11
12 p.m
1
2
3
4
5
6
7
8
9
10
11

APRIL

S	M	T	W	T	F	S
				1	2	3
4	5	6	7	8	9	10
11	12	13	14	15	16	17
18	19	20	21	22	23	24
25	26	27	28	29	30	

MAY

S	M	T	W	T	F	S
						1
2	3	4	5	6	7	8
9	10	11	12	13	14	15
16	17	18	19	20	21	22
23	24	25	26	27	28	29
30	31					

May 28, 2021 (Friday)

12 a.m
1
2
3
4
5
6
7
8
9
10
11
12 p.m
1
2
3
4
5
6
7
8
9
10
11

JUNE

S	M	T	W	T	F	S
		1	2	3	4	5
6	7	8	9	10	11	12
13	14	15	16	17	18	19
20	21	22	23	24	25	26
27	28	29	30			

JULY

S	M	T	W	T	F	S
				1	2	3
4	5	6	7	8	9	10
11	12	13	14	15	16	17
18	19	20	21	22	23	24
25	26	27	28	29	30	31

12 a.m
1
2
3
4
5
6
7
8
9
10
11
12 p.m
1
2
3
4
5
6
7
8
9
10
11

APRIL

S	M	T	W	T	F	S
				1	2	3
4	5	6	7	8	9	10
11	12	13	14	15	16	17
18	19	20	21	22	23	24
25	26	27	28	29	30	

MAY

S	M	T	W	T	F	S
						1
2	3	4	5	6	7	8
9	10	11	12	13	14	15
16	17	18	19	20	21	22
23	24	25	26	27	28	29
30	31					

May 30, 2021 (Sunday)

12 a.m
1
2
3
4
5
6
7
8
9
10
11
12 p.m
1
2
3
4
5
6
7
8
9
10
11

JUNE

S	M	T	W	T	F	S
		1	2	3	4	5
6	7	8	9	10	11	12
13	14	15	16	17	18	19
20	21	22	23	24	25	26
27	28	29	30			

JULY

S	M	T	W	T	F	S
				1	2	3
4	5	6	7	8	9	10
11	12	13	14	15	16	17
18	19	20	21	22	23	24
25	26	27	28	29	30	31

12 a.m
1
2
3
4
5
6
7
8
9
10
11
12 p.m
1
2
3
4
5
6
7
8
9
10
11

APRIL

S	M	T	W	T	F	S
				1	2	3
4	5	6	7	8	9	10
11	12	13	14	15	16	17
18	19	20	21	22	23	24
25	26	27	28	29	30	

MAY

S	M	T	W	T	F	S
						1
2	3	4	5	6	7	8
9	10	11	12	13	14	15
16	17	18	19	20	21	22
23	24	25	26	27	28	29
30	31					

June 1, 2021 (Tuesday)

12 a.m
1
2
3
4
5
6
7
8
9
10
11
12 p.m
1
2
3
4
5
6
7
8
9
10
11

JUNE

S	M	T	W	T	F	S
		1	2	3	4	5
6	7	8	9	10	11	12
13	14	15	16	17	18	19
20	21	22	23	24	25	26
27	28	29	30			

JULY

S	M	T	W	T	F	S
				1	2	3
4	5	6	7	8	9	10
11	12	13	14	15	16	17
18	19	20	21	22	23	24
25	26	27	28	29	30	31

12 a.m
1
2
3
4
5
6
7
8
9
10
11
12 p.m
1
2
3
4
5
6
7
8
9
10
11

MAY

S	M	T	W	T	F	S
						1
2	3	4	5	6	7	8
9	10	11	12	13	14	15
16	17	18	19	20	21	22
23	24	25	26	27	28	29
30	31					

JUNE

S	M	T	W	T	F	S
		1	2	3	4	5
6	7	8	9	10	11	12
13	14	15	16	17	18	19
20	21	22	23	24	25	26
27	28	29	30			

June 3, 2021 (Thursday)

12 a.m
1
2
3
4
5
6
7
8
9
10
11
12 p.m
1
2
3
4
5
6
7
8
9
10
11

JULY

S	M	T	W	T	F	S
				1	2	3
4	5	6	7	8	9	10
11	12	13	14	15	16	17
18	19	20	21	22	23	24
25	26	27	28	29	30	31

AUGUST

S	M	T	W	T	F	S
1	2	3	4	5	6	7
8	9	10	11	12	13	14
15	16	17	18	19	20	21
22	23	24	25	26	27	28
29	30	31				

12 a.m
1
2
3
4
5
6
7
8
9
10
11
12 p.m
1
2
3
4
5
6
7
8
9
10
11

MAY

S	M	T	W	T	F	S
						1
2	3	4	5	6	7	8
9	10	11	12	13	14	15
16	17	18	19	20	21	22
23	24	25	26	27	28	29
30	31					

JUNE

S	M	T	W	T	F	S
		1	2	3	4	5
6	7	8	9	10	11	12
13	14	15	16	17	18	19
20	21	22	23	24	25	26
27	28	29	30			

June 5, 2021 (Saturday)

12 a.m
1
2
3
4
5
6
7
8
9
10
11
12 p.m
1
2
3
4
5
6
7
8
9
10
11

JULY

S	M	T	W	T	F	S
				1	2	3
4	5	6	7	8	9	10
11	12	13	14	15	16	17
18	19	20	21	22	23	24
25	26	27	28	29	30	31

AUGUST

S	M	T	W	T	F	S
1	2	3	4	5	6	7
8	9	10	11	12	13	14
15	16	17	18	19	20	21
22	23	24	25	26	27	28
29	30	31				

12 a.m
1
2
3
4
5
6
7
8
9
10
11
12 p.m
1
2
3
4
5
6
7
8
9
10
11

MAY

S	M	T	W	T	F	S
						1
2	3	4	5	6	7	8
9	10	11	12	13	14	15
16	17	18	19	20	21	22
23	24	25	26	27	28	29
30	31					

JUNE

S	M	T	W	T	F	S
		1	2	3	4	5
6	7	8	9	10	11	12
13	14	15	16	17	18	19
20	21	22	23	24	25	26
27	28	29	30			

June 7, 2021 (Monday)

12 a.m
1
2
3
4
5
6
7
8
9
10
11
12 p.m
1
2
3
4
5
6
7
8
9
10
11

JULY

S	M	T	W	T	F	S
				1	2	3
4	5	6	7	8	9	10
11	12	13	14	15	16	17
18	19	20	21	22	23	24
25	26	27	28	29	30	31

AUGUST

S	M	T	W	T	F	S
1	2	3	4	5	6	7
8	9	10	11	12	13	14
15	16	17	18	19	20	21
22	23	24	25	26	27	28
29	30	31				

12 a.m
1
2
3
4
5
6
7
8
9
10
11
12 p.m
1
2
3
4
5
6
7
8
9
10
11

MAY

S	M	T	W	T	F	S
						1
2	3	4	5	6	7	8
9	10	11	12	13	14	15
16	17	18	19	20	21	22
23	24	25	26	27	28	29
30	31					

JUNE

S	M	T	W	T	F	S
		1	2	3	4	5
6	7	8	9	10	11	12
13	14	15	16	17	18	19
20	21	22	23	24	25	26
27	28	29	30			

June 9, 2021 (Wednesday)

12 a.m
1
2
3
4
5
6
7
8
9
10
11
12 p.m
1
2
3
4
5
6
7
8
9
10
11

JULY

S	M	T	W	T	F	S
				1	2	3
4	5	6	7	8	9	10
11	12	13	14	15	16	17
18	19	20	21	22	23	24
25	26	27	28	29	30	31

AUGUST

S	M	T	W	T	F	S
1	2	3	4	5	6	7
8	9	10	11	12	13	14
15	16	17	18	19	20	21
22	23	24	25	26	27	28
29	30	31				

12 a.m
1
2
3
4
5
6
7
8
9
10
11
12 p.m
1
2
3
4
5
6
7
8
9
10
11

MAY

S	M	T	W	T	F	S
						1
2	3	4	5	6	7	8
9	10	11	12	13	14	15
16	17	18	19	20	21	22
23	24	25	26	27	28	29
30	31					

JUNE

S	M	T	W	T	F	S
		1	2	3	4	5
6	7	8	9	10	11	12
13	14	15	16	17	18	19
20	21	22	23	24	25	26
27	28	29	30			

June 11, 2021 (Friday)

12 a.m
1
2
3
4
5
6
7
8
9
10
11
12 p.m
1
2
3
4
5
6
7
8
9
10
11

JULY

S	M	T	W	T	F	S
				1	2	3
4	5	6	7	8	9	10
11	12	13	14	15	16	17
18	19	20	21	22	23	24
25	26	27	28	29	30	31

AUGUST

S	M	T	W	T	F	S
1	2	3	4	5	6	7
8	9	10	11	12	13	14
15	16	17	18	19	20	21
22	23	24	25	26	27	28
29	30	31				

12 a.m
1
2
3
4
5
6
7
8
9
10
11
12 p.m
1
2
3
4
5
6
7
8
9
10
11

MAY

S	M	T	W	T	F	S
						1
2	3	4	5	6	7	8
9	10	11	12	13	14	15
16	17	18	19	20	21	22
23	24	25	26	27	28	29
30	31					

JUNE

S	M	T	W	T	F	S
		1	2	3	4	5
6	7	8	9	10	11	12
13	14	15	16	17	18	19
20	21	22	23	24	25	26
27	28	29	30			

June 13, 2021 (Sunday)

12 a.m
1
2
3
4
5
6
7
8
9
10
11
12 p.m
1
2
3
4
5
6
7
8
9
10
11

JULY

S	M	T	W	T	F	S
				1	2	3
4	5	6	7	8	9	10
11	12	13	14	15	16	17
18	19	20	21	22	23	24
25	26	27	28	29	30	31

AUGUST

S	M	T	W	T	F	S
1	2	3	4	5	6	7
8	9	10	11	12	13	14
15	16	17	18	19	20	21
22	23	24	25	26	27	28
29	30	31				

12 a.m
1
2
3
4
5
6
7
8
9
10
11
12 p.m
1
2
3
4
5
6
7
8
9
10
11

MAY

S	M	T	W	T	F	S
						1
2	3	4	5	6	7	8
9	10	11	12	13	14	15
16	17	18	19	20	21	22
23	24	25	26	27	28	29
30	31					

JUNE

S	M	T	W	T	F	S
		1	2	3	4	5
6	7	8	9	10	11	12
13	14	15	16	17	18	19
20	21	22	23	24	25	26
27	28	29	30			

June 15, 2021 (Tuesday)

12 a.m
1
2
3
4
5
6
7
8
9
10
11
12 p.m
1
2
3
4
5
6
7
8
9
10
11

JULY

S	M	T	W	T	F	S
				1	2	3
4	5	6	7	8	9	10
11	12	13	14	15	16	17
18	19	20	21	22	23	24
25	26	27	28	29	30	31

AUGUST

S	M	T	W	T	F	S
1	2	3	4	5	6	7
8	9	10	11	12	13	14
15	16	17	18	19	20	21
22	23	24	25	26	27	28
29	30	31				

June 16, 2021 (Wednesday)

12 a.m
1
2
3
4
5
6
7
8
9
10
11
12 p.m
1
2
3
4
5
6
7
8
9
10
11

MAY

S	M	T	W	T	F	S
						1
2	3	4	5	6	7	8
9	10	11	12	13	14	15
16	17	18	19	20	21	22
23	24	25	26	27	28	29
30	31					

JUNE

S	M	T	W	T	F	S
		1	2	3	4	5
6	7	8	9	10	11	12
13	14	15	16	17	18	19
20	21	22	23	24	25	26
27	28	29	30			

June 17, 2021 (Thursday)

12 a.m
1
2
3
4
5
6
7
8
9
10
11
12 p.m
1
2
3
4
5
6
7
8
9
10
11

JULY

S	M	T	W	T	F	S
				1	2	3
4	5	6	7	8	9	10
11	12	13	14	15	16	17
18	19	20	21	22	23	24
25	26	27	28	29	30	31

AUGUST

S	M	T	W	T	F	S
1	2	3	4	5	6	7
8	9	10	11	12	13	14
15	16	17	18	19	20	21
22	23	24	25	26	27	28
29	30	31				

12 a.m
1
2
3
4
5
6
7
8
9
10
11
12 p.m
1
2
3
4
5
6
7
8
9
10
11

MAY

S	M	T	W	T	F	S
						1
2	3	4	5	6	7	8
9	10	11	12	13	14	15
16	17	18	19	20	21	22
23	24	25	26	27	28	29
30	31					

JUNE

S	M	T	W	T	F	S
		1	2	3	4	5
6	7	8	9	10	11	12
13	14	15	16	17	18	19
20	21	22	23	24	25	26
27	28	29	30			

June 19, 2021 (Saturday)

12 a.m
1
2
3
4
5
6
7
8
9
10
11
12 p.m
1
2
3
4
5
6
7
8
9
10
11

JULY

S	M	T	W	T	F	S
				1	2	3
4	5	6	7	8	9	10
11	12	13	14	15	16	17
18	19	20	21	22	23	24
25	26	27	28	29	30	31

AUGUST

S	M	T	W	T	F	S
1	2	3	4	5	6	7
8	9	10	11	12	13	14
15	16	17	18	19	20	21
22	23	24	25	26	27	28
29	30	31				

12 a.m
1
2
3
4
5
6
7
8
9
10
11
12 p.m
1
2
3
4
5
6
7
8
9
10
11

MAY

S	M	T	W	T	F	S
						1
2	3	4	5	6	7	8
9	10	11	12	13	14	15
16	17	18	19	20	21	22
23	24	25	26	27	28	29
30	31					

JUNE

S	M	T	W	T	F	S
		1	2	3	4	5
6	7	8	9	10	11	12
13	14	15	16	17	18	19
20	21	22	23	24	25	26
27	28	29	30			

June 21, 2021 (Monday)

12 a.m
1
2
3
4
5
6
7
8
9
10
11
12 p.m
1
2
3
4
5
6
7
8
9
10
11

JULY

S	M	T	W	T	F	S
				1	2	3
4	5	6	7	8	9	10
11	12	13	14	15	16	17
18	19	20	21	22	23	24
25	26	27	28	29	30	31

AUGUST

S	M	T	W	T	F	S
1	2	3	4	5	6	7
8	9	10	11	12	13	14
15	16	17	18	19	20	21
22	23	24	25	26	27	28
29	30	31				

12 a.m
1
2
3
4
5
6
7
8
9
10
11
12 p.m
1
2
3
4
5
6
7
8
9
10
11

MAY						
S	M	T	W	T	F	S
						1
2	3	4	5	6	7	8
9	10	11	12	13	14	15
16	17	18	19	20	21	22
23	24	25	26	27	28	29
30	31					

JUNE						
S	M	T	W	T	F	S
		1	2	3	4	5
6	7	8	9	10	11	12
13	14	15	16	17	18	19
20	21	22	23	24	25	26
27	28	29	30			

June 23, 2021 (Wednesday)

12 a.m
1
2
3
4
5
6
7
8
9
10
11
12 p.m
1
2
3
4
5
6
7
8
9
10
11

JULY

S	M	T	W	T	F	S
				1	2	3
4	5	6	7	8	9	10
11	12	13	14	15	16	17
18	19	20	21	22	23	24
25	26	27	28	29	30	31

AUGUST

S	M	T	W	T	F	S
1	2	3	4	5	6	7
8	9	10	11	12	13	14
15	16	17	18	19	20	21
22	23	24	25	26	27	28
29	30	31				

12 a.m
1
2
3
4
5
6
7
8
9
10
11
12 p.m
1
2
3
4
5
6
7
8
9
10
11

MAY

S	M	T	W	T	F	S
						1
2	3	4	5	6	7	8
9	10	11	12	13	14	15
16	17	18	19	20	21	22
23	24	25	26	27	28	29
30	31					

JUNE

S	M	T	W	T	F	S
		1	2	3	4	5
6	7	8	9	10	11	12
13	14	15	16	17	18	19
20	21	22	23	24	25	26
27	28	29	30			

June 25, 2021 (Friday)

12 a.m
1
2
3
4
5
6
7
8
9
10
11
12 p.m
1
2
3
4
5
6
7
8
9
10
11

JULY

S	M	T	W	T	F	S
				1	2	3
4	5	6	7	8	9	10
11	12	13	14	15	16	17
18	19	20	21	22	23	24
25	26	27	28	29	30	31

AUGUST

S	M	T	W	T	F	S
1	2	3	4	5	6	7
8	9	10	11	12	13	14
15	16	17	18	19	20	21
22	23	24	25	26	27	28
29	30	31				

12 a.m
1
2
3
4
5
6
7
8
9
10
11
12 p.m
1
2
3
4
5
6
7
8
9
10
11

MAY

S	M	T	W	T	F	S
						1
2	3	4	5	6	7	8
9	10	11	12	13	14	15
16	17	18	19	20	21	22
23	24	25	26	27	28	29
30	31					

JUNE

S	M	T	W	T	F	S
		1	2	3	4	5
6	7	8	9	10	11	12
13	14	15	16	17	18	19
20	21	22	23	24	25	26
27	28	29	30			

June 27, 2021 (Sunday)

12 a.m
1
2
3
4
5
6
7
8
9
10
11
12 p.m
1
2
3
4
5
6
7
8
9
10
11

JULY

S	M	T	W	T	F	S
				1	**2**	**3**
4	**5**	**6**	**7**	**8**	**9**	**10**
11	**12**	**13**	**14**	**15**	**16**	**17**
18	**19**	**20**	**21**	**22**	**23**	**24**
25	**26**	**27**	**28**	**29**	**30**	**31**

AUGUST

S	M	T	W	T	F	S
1	**2**	**3**	**4**	**5**	**6**	**7**
8	**9**	**10**	**11**	**12**	**13**	**14**
15	**16**	**17**	**18**	**19**	**20**	**21**
22	**23**	**24**	**25**	**26**	**27**	**28**
29	**30**	**31**				

12 a.m
1
2
3
4
5
6
7
8
9
10
11
12 p.m
1
2
3
4
5
6
7
8
9
10
11

MAY

S	M	T	W	T	F	S
						1
2	3	4	5	6	7	8
9	10	11	12	13	14	15
16	17	18	19	20	21	22
23	24	25	26	27	28	29
30	31					

JUNE

S	M	T	W	T	F	S
		1	2	3	4	5
6	7	8	9	10	11	12
13	14	15	16	17	18	19
20	21	22	23	24	25	26
27	28	29	30			

June 29, 2021 (Tuesday)

12 a.m
1
2
3
4
5
6
7
8
9
10
11
12 p.m
1
2
3
4
5
6
7
8
9
10
11

JULY

S	M	T	W	T	F	S
				1	2	3
4	5	6	7	8	9	10
11	12	13	14	15	16	17
18	19	20	21	22	23	24
25	26	27	28	29	30	31

AUGUST

S	M	T	W	T	F	S
1	2	3	4	5	6	7
8	9	10	11	12	13	14
15	16	17	18	19	20	21
22	23	24	25	26	27	28
29	30	31				

12 a.m
1
2
3
4
5
6
7
8
9
10
11
12 p.m
1
2
3
4
5
6
7
8
9
10
11

MAY

S	M	T	W	T	F	S
						1
2	3	4	5	6	7	8
9	10	11	12	13	14	15
16	17	18	19	20	21	22
23	24	25	26	27	28	29
30	31					

JUNE

S	M	T	W	T	F	S
		1	2	3	4	5
6	7	8	9	10	11	12
13	14	15	16	17	18	19
20	21	22	23	24	25	26
27	28	29	30			

July 1, 2021 (Thursday)

12 a.m
1
2
3
4
5
6
7
8
9
10
11
12 p.m
1
2
3
4
5
6
7
8
9
10
11

JULY

S	M	T	W	T	F	S
				1	2	3
4	5	6	7	8	9	10
11	12	13	14	15	16	17
18	19	20	21	22	23	24
25	26	27	28	29	30	31

AUGUST

S	M	T	W	T	F	S
1	2	3	4	5	6	7
8	9	10	11	12	13	14
15	16	17	18	19	20	21
22	23	24	25	26	27	28
29	30	31				

12 a.m
1
2
3
4
5
6
7
8
9
10
11
12 p.m
1
2
3
4
5
6
7
8
9
10
11

JUNE

S	M	T	W	T	F	S
		1	2	3	4	5
6	7	8	9	10	11	12
13	14	15	16	17	18	19
20	21	22	23	24	25	26
27	28	29	30			

JULY

S	M	T	W	T	F	S
				1	2	3
4	5	6	7	8	9	10
11	12	13	14	15	16	17
18	19	20	21	22	23	24
25	26	27	28	29	30	31

July 3, 2021 (Saturday)

12 a.m
1
2
3
4
5
6
7
8
9
10
11
12 p.m
1
2
3
4
5
6
7
8
9
10
11

AUGUST

S	M	T	W	T	F	S
1	2	3	4	5	6	7
8	9	10	11	12	13	14
15	16	17	18	19	20	21
22	23	24	25	26	27	28
29	30	31				

SEPTEMBER

S	M	T	W	T	F	S
			1	2	3	4
5	6	7	8	9	10	11
12	13	14	15	16	17	18
19	20	21	22	23	24	25
26	27	28	29	30		

12 a.m
1
2
3
4
5
6
7
8
9
10
11
12 p.m
1
2
3
4
5
6
7
8
9
10
11

JUNE

S	M	T	W	T	F	S
		1	2	3	4	5
6	7	8	9	10	11	12
13	14	15	16	17	18	19
20	21	22	23	24	25	26
27	28	29	30			

JULY

S	M	T	W	T	F	S
				1	2	3
4	5	6	7	8	9	10
11	12	13	14	15	16	17
18	19	20	21	22	23	24
25	26	27	28	29	30	31

July 5, 2021 (Monday)

12 a.m
1
2
3
4
5
6
7
8
9
10
11
12 p.m
1
2
3
4
5
6
7
8
9
10
11

AUGUST

S	M	T	W	T	F	S
1	2	3	4	5	6	7
8	9	10	11	12	13	14
15	16	17	18	19	20	21
22	23	24	25	26	27	28
29	30	31				

SEPTEMBER

S	M	T	W	T	F	S
			1	2	3	4
5	6	7	8	9	10	11
12	13	14	15	16	17	18
19	20	21	22	23	24	25
26	27	28	29	30		

12 a.m
1
2
3
4
5
6
7
8
9
10
11
12 p.m
1
2
3
4
5
6
7
8
9
10
11

JUNE

S	M	T	W	T	F	S
		1	2	3	4	5
6	7	8	9	10	11	12
13	14	15	16	17	18	19
20	21	22	23	24	25	26
27	28	29	30			

JULY

S	M	T	W	T	F	S
				1	2	3
4	5	6	7	8	9	10
11	12	13	14	15	16	17
18	19	20	21	22	23	24
25	26	27	28	29	30	31

July 7, 2021 (Wednesday)

12 a.m
1
2
3
4
5
6
7
8
9
10
11
12 p.m
1
2
3
4
5
6
7
8
9
10
11

AUGUST

S	M	T	W	T	F	S
1	2	3	4	5	6	7
8	9	10	11	12	13	14
15	16	17	18	19	20	21
22	23	24	25	26	27	28
29	30	31				

SEPTEMBER

S	M	T	W	T	F	S
			1	2	3	4
5	6	7	8	9	10	11
12	13	14	15	16	17	18
19	20	21	22	23	24	25
26	27	28	29	30		

12 a.m
1
2
3
4
5
6
7
8
9
10
11
12 p.m
1
2
3
4
5
6
7
8
9
10
11

JUNE

S	M	T	W	T	F	S
		1	2	3	4	5
6	7	8	9	10	11	12
13	14	15	16	17	18	19
20	21	22	23	24	25	26
27	28	29	30			

JULY

S	M	T	W	T	F	S
				1	2	3
4	5	6	7	8	9	10
11	12	13	14	15	16	17
18	19	20	21	22	23	24
25	26	27	28	29	30	31

July 9, 2021 (Friday)

12 a.m
1
2
3
4
5
6
7
8
9
10
11
12 p.m
1
2
3
4
5
6
7
8
9
10
11

AUGUST

S	M	T	W	T	F	S
1	2	3	4	5	6	7
8	9	10	11	12	13	14
15	16	17	18	19	20	21
22	23	24	25	26	27	28
29	30	31				

SEPTEMBER

S	M	T	W	T	F	S
			1	2	3	4
5	6	7	8	9	10	11
12	13	14	15	16	17	18
19	20	21	22	23	24	25
26	27	28	29	30		

12 a.m
1
2
3
4
5
6
7
8
9
10
11
12 p.m
1
2
3
4
5
6
7
8
9
10
11

JUNE

S	M	T	W	T	F	S
		1	2	3	4	5
6	7	8	9	10	11	12
13	14	15	16	17	18	19
20	21	22	23	24	25	26
27	28	29	30			

JULY

S	M	T	W	T	F	S
				1	2	3
4	5	6	7	8	9	10
11	12	13	14	15	16	17
18	19	20	21	22	23	24
25	26	27	28	29	30	31

July 11, 2021 (Sunday)

12 a.m
1
2
3
4
5
6
7
8
9
10
11
12 p.m
1
2
3
4
5
6
7
8
9
10
11

AUGUST

S	M	T	W	T	F	S
1	2	3	4	5	6	7
8	9	10	11	12	13	14
15	16	17	18	19	20	21
22	23	24	25	26	27	28
29	30	31				

SEPTEMBER

S	M	T	W	T	F	S
			1	2	3	4
5	6	7	8	9	10	11
12	13	14	15	16	17	18
19	20	21	22	23	24	25
26	27	28	29	30		

12 a.m
1
2
3
4
5
6
7
8
9
10
11
12 p.m
1
2
3
4
5
6
7
8
9
10
11

JUNE

S	M	T	W	T	F	S
		1	2	3	4	5
6	7	8	9	10	11	12
13	14	15	16	17	18	19
20	21	22	23	24	25	26
27	28	29	30			

JULY

S	M	T	W	T	F	S
				1	2	3
4	5	6	7	8	9	10
11	12	13	14	15	16	17
18	19	20	21	22	23	24
25	26	27	28	29	30	31

July 13, 2021 (Tuesday)

12 a.m
1
2
3
4
5
6
7
8
9
10
11
12 p.m
1
2
3
4
5
6
7
8
9
10
11

AUGUST

S	M	T	W	T	F	S
1	2	3	4	5	6	7
8	9	10	11	12	13	14
15	16	17	18	19	20	21
22	23	24	25	26	27	28
29	30	31				

SEPTEMBER

S	M	T	W	T	F	S
			1	2	3	4
5	6	7	8	9	10	11
12	13	14	15	16	17	18
19	20	21	22	23	24	25
26	27	28	29	30		

12 a.m
1
2
3
4
5
6
7
8
9
10
11
12 p.m
1
2
3
4
5
6
7
8
9
10
11

JUNE

S	M	T	W	T	F	S
		1	2	3	4	5
6	7	8	9	10	11	12
13	14	15	16	17	18	19
20	21	22	23	24	25	26
27	28	29	30			

JULY

S	M	T	W	T	F	S
				1	2	3
4	5	6	7	8	9	10
11	12	13	14	15	16	17
18	19	20	21	22	23	24
25	26	27	28	29	30	31

July 15, 2021 (Thursday)

12 a.m
1
2
3
4
5
6
7
8
9
10
11
12 p.m
1
2
3
4
5
6
7
8
9
10
11

AUGUST

S	M	T	W	T	F	S
1	2	3	4	5	6	7
8	9	10	11	12	13	14
15	16	17	18	19	20	21
22	23	24	25	26	27	28
29	30	31				

SEPTEMBER

S	M	T	W	T	F	S
			1	2	3	4
5	6	7	8	9	10	11
12	13	14	15	16	17	18
19	20	21	22	23	24	25
26	27	28	29	30		

12 a.m
1
2
3
4
5
6
7
8
9
10
11
12 p.m
1
2
3
4
5
6
7
8
9
10
11

JUNE

S	M	T	W	T	F	S
		1	2	3	4	5
6	7	8	9	10	11	12
13	14	15	16	17	18	19
20	21	22	23	24	25	26
27	28	29	30			

JULY

S	M	T	W	T	F	S
				1	2	3
4	5	6	7	8	9	10
11	12	13	14	15	16	17
18	19	20	21	22	23	24
25	26	27	28	29	30	31

July 17, 2021 (Saturday)

12 a.m
1
2
3
4
5
6
7
8
9
10
11
12 p.m
1
2
3
4
5
6
7
8
9
10
11

AUGUST

S	M	T	W	T	F	S
1	2	3	4	5	6	7
8	9	10	11	12	13	14
15	16	17	18	19	20	21
22	23	24	25	26	27	28
29	30	31				

SEPTEMBER

S	M	T	W	T	F	S
			1	2	3	4
5	6	7	8	9	10	11
12	13	14	15	16	17	18
19	20	21	22	23	24	25
26	27	28	29	30		

12 a.m
1
2
3
4
5
6
7
8
9
10
11
12 p.m
1
2
3
4
5
6
7
8
9
10
11

JUNE

S	M	T	W	T	F	S
		1	2	3	4	5
6	7	8	9	10	11	12
13	14	15	16	17	18	19
20	21	22	23	24	25	26
27	28	29	30			

JULY

S	M	T	W	T	F	S
				1	2	3
4	5	6	7	8	9	10
11	12	13	14	15	16	17
18	19	20	21	22	23	24
25	26	27	28	29	30	31

July 19, 2021 (Monday)

12 a.m
1
2
3
4
5
6
7
8
9
10
11
12 p.m
1
2
3
4
5
6
7
8
9
10
11

AUGUST

S	M	T	W	T	F	S
1	2	3	4	5	6	7
8	9	10	11	12	13	14
15	16	17	18	19	20	21
22	23	24	25	26	27	28
29	30	31				

SEPTEMBER

S	M	T	W	T	F	S
			1	2	3	4
5	6	7	8	9	10	11
12	13	14	15	16	17	18
19	20	21	22	23	24	25
26	27	28	29	30		

July 20, 2021 (Tuesday)

12 a.m
1
2
3
4
5
6
7
8
9
10
11
12 p.m
1
2
3
4
5
6
7
8
9
10
11

JUNE

S	M	T	W	T	F	S
		1	2	3	4	5
6	7	8	9	10	11	12
13	14	15	16	17	18	19
20	21	22	23	24	25	26
27	28	29	30			

JULY

S	M	T	W	T	F	S
				1	2	3
4	5	6	7	8	9	10
11	12	13	14	15	16	17
18	19	20	21	22	23	24
25	26	27	28	29	30	31

July 21, 2021 (Wednesday)

12 a.m
1
2
3
4
5
6
7
8
9
10
11
12 p.m
1
2
3
4
5
6
7
8
9
10
11

AUGUST

S	M	T	W	T	F	S
1	2	3	4	5	6	7
8	9	10	11	12	13	14
15	16	17	18	19	20	21
22	23	24	25	26	27	28
29	30	31				

SEPTEMBER

S	M	T	W	T	F	S
			1	2	3	4
5	6	7	8	9	10	11
12	13	14	15	16	17	18
19	20	21	22	23	24	25
26	27	28	29	30		

12 a.m
1
2
3
4
5
6
7
8
9
10
11
12 p.m
1
2
3
4
5
6
7
8
9
10
11

JUNE

S	M	T	W	T	F	S
		1	2	3	4	5
6	7	8	9	10	11	12
13	14	15	16	17	18	19
20	21	22	23	24	25	26
27	28	29	30			

JULY

S	M	T	W	T	F	S
				1	2	3
4	5	6	7	8	9	10
11	12	13	14	15	16	17
18	19	20	21	22	23	24
25	26	27	28	29	30	31

July 23, 2021 (Friday)

12 a.m
1
2
3
4
5
6
7
8
9
10
11
12 p.m
1
2
3
4
5
6
7
8
9
10
11

AUGUST

S	M	T	W	T	F	S
1	2	3	4	5	6	7
8	9	10	11	12	13	14
15	16	17	18	19	20	21
22	23	24	25	26	27	28
29	30	31				

SEPTEMBER

S	M	T	W	T	F	S
			1	2	3	4
5	6	7	8	9	10	11
12	13	14	15	16	17	18
19	20	21	22	23	24	25
26	27	28	29	30		

12 a.m
1
2
3
4
5
6
7
8
9
10
11
12 p.m
1
2
3
4
5
6
7
8
9
10
11

JUNE

S	M	T	W	T	F	S
		1	2	3	4	5
6	7	8	9	10	11	12
13	14	15	16	17	18	19
20	21	22	23	24	25	26
27	28	29	30			

JULY

S	M	T	W	T	F	S
				1	2	3
4	5	6	7	8	9	10
11	12	13	14	15	16	17
18	19	20	21	22	23	24
25	26	27	28	29	30	31

July 25, 2021 (Sunday)

12 a.m
1
2
3
4
5
6
7
8
9
10
11
12 p.m
1
2
3
4
5
6
7
8
9
10
11

AUGUST

S	M	T	W	T	F	S
1	2	3	4	5	6	7
8	9	10	11	12	13	14
15	16	17	18	19	20	21
22	23	24	25	26	27	28
29	30	31				

SEPTEMBER

S	M	T	W	T	F	S
			1	2	3	4
5	6	7	8	9	10	11
12	13	14	15	16	17	18
19	20	21	22	23	24	25
26	27	28	29	30		

12 a.m
1
2
3
4
5
6
7
8
9
10
11
12 p.m
1
2
3
4
5
6
7
8
9
10
11

JUNE

S	M	T	W	T	F	S
		1	2	3	4	5
6	7	8	9	10	11	12
13	14	15	16	17	18	19
20	21	22	23	24	25	26
27	28	29	30			

JULY

S	M	T	W	T	F	S
				1	2	3
4	5	6	7	8	9	10
11	12	13	14	15	16	17
18	19	20	21	22	23	24
25	26	27	28	29	30	31

July 27, 2021 (Tuesday)

12 a.m
1
2
3
4
5
6
7
8
9
10
11
12 p.m
1
2
3
4
5
6
7
8
9
10
11

AUGUST

S	M	T	W	T	F	S
1	**2**	**3**	**4**	**5**	**6**	**7**
8	**9**	**10**	**11**	**12**	**13**	**14**
15	**16**	**17**	**18**	**19**	**20**	**21**
22	**23**	**24**	**25**	**26**	**27**	**28**
29	**30**	**31**				

SEPTEMBER

S	M	T	W	T	F	S
			1	**2**	**3**	**4**
5	**6**	**7**	**8**	**9**	**10**	**11**
12	**13**	**14**	**15**	**16**	**17**	**18**
19	**20**	**21**	**22**	**23**	**24**	**25**
26	**27**	**28**	**29**	**30**		

12 a.m
1
2
3
4
5
6
7
8
9
10
11
12 p.m
1
2
3
4
5
6
7
8
9
10
11

JUNE

S	M	T	W	T	F	S
		1	2	3	4	5
6	7	8	9	10	11	12
13	14	15	16	17	18	19
20	21	22	23	24	25	26
27	28	29	30			

JULY

S	M	T	W	T	F	S
				1	2	3
4	5	6	7	8	9	10
11	12	13	14	15	16	17
18	19	20	21	22	23	24
25	26	27	28	29	30	31

July 29, 2021 (Thursday)

12 a.m
1
2
3
4
5
6
7
8
9
10
11
12 p.m
1
2
3
4
5
6
7
8
9
10
11

AUGUST

S	M	T	W	T	F	S
1	**2**	**3**	**4**	**5**	**6**	**7**
8	**9**	**10**	**11**	**12**	**13**	**14**
15	**16**	**17**	**18**	**19**	**20**	**21**
22	**23**	**24**	**25**	**26**	**27**	**28**
29	**30**	**31**				

SEPTEMBER

S	M	T	W	T	F	S
			1	**2**	**3**	**4**
5	**6**	**7**	**8**	**9**	**10**	**11**
12	**13**	**14**	**15**	**16**	**17**	**18**
19	**20**	**21**	**22**	**23**	**24**	**25**
26	**27**	**28**	**29**	**30**		

12 a.m
1
2
3
4
5
6
7
8
9
10
11
12 p.m
1
2
3
4
5
6
7
8
9
10
11

JUNE

S	M	T	W	T	F	S
		1	2	3	4	5
6	7	8	9	10	11	12
13	14	15	16	17	18	19
20	21	22	23	24	25	26
27	28	29	30			

JULY

S	M	T	W	T	F	S
				1	2	3
4	5	6	7	8	9	10
11	12	13	14	15	16	17
18	19	20	21	22	23	24
25	26	27	28	29	30	31

July 31, 2021 (Saturday)

12 a.m
1
2
3
4
5
6
7
8
9
10
11
12 p.m
1
2
3
4
5
6
7
8
9
10
11

AUGUST

S	M	T	W	T	F	S
1	2	3	4	5	6	7
8	9	10	11	12	13	14
15	16	17	18	19	20	21
22	23	24	25	26	27	28
29	30	31				

SEPTEMBER

S	M	T	W	T	F	S
			1	2	3	4
5	6	7	8	9	10	11
12	13	14	15	16	17	18
19	20	21	22	23	24	25
26	27	28	29	30		

12 a.m
1
2
3
4
5
6
7
8
9
10
11
12 p.m
1
2
3
4
5
6
7
8
9
10
11

JULY

S	M	T	W	T	F	S
				1	2	3
4	5	6	7	8	9	10
11	12	13	14	15	16	17
18	19	20	21	22	23	24
25	26	27	28	29	30	31

AUGUST

S	M	T	W	T	F	S
1	2	3	4	5	6	7
8	9	10	11	12	13	14
15	16	17	18	19	20	21
22	23	24	25	26	27	28
29	30	31				

August 2, 2021 (Monday)

12 a.m
1
2
3
4
5
6
7
8
9
10
11
12 p.m
1
2
3
4
5
6
7
8
9
10
11

SEPTEMBER

S	M	T	W	T	F	S
			1	2	3	4
5	6	7	8	9	10	11
12	13	14	15	16	17	18
19	20	21	22	23	24	25
26	27	28	29	30		

OCTOBER

S	M	T	W	T	F	S
					1	2
3	4	5	6	7	8	9
10	11	12	13	14	15	16
17	18	19	20	21	22	23
24	25	26	27	28	29	30
31						

12 a.m
1
2
3
4
5
6
7
8
9
10
11
12 p.m
1
2
3
4
5
6
7
8
9
10
11

JULY

S	M	T	W	T	F	S
				1	2	3
4	5	6	7	8	9	10
11	12	13	14	15	16	17
18	19	20	21	22	23	24
25	26	27	28	29	30	31

AUGUST

S	M	T	W	T	F	S
1	2	3	4	5	6	7
8	9	10	11	12	13	14
15	16	17	18	19	20	21
22	23	24	25	26	27	28
29	30	31				

August 4, 2021 (Wednesday)

12 a.m
1
2
3
4
5
6
7
8
9
10
11
12 p.m
1
2
3
4
5
6
7
8
9
10
11

SEPTEMBER

S	M	T	W	T	F	S
			1	2	3	4
5	6	7	8	9	10	11
12	13	14	15	16	17	18
19	20	21	22	23	24	25
26	27	28	29	30		

OCTOBER

S	M	T	W	T	F	S
					1	2
3	4	5	6	7	8	9
10	11	12	13	14	15	16
17	18	19	20	21	22	23
24	25	26	27	28	29	30
31						

12 a.m
1
2
3
4
5
6
7
8
9
10
11
12 p.m
1
2
3
4
5
6
7
8
9
10
11

JULY

S	M	T	W	T	F	S
				1	2	3
4	5	6	7	8	9	10
11	12	13	14	15	16	17
18	19	20	21	22	23	24
25	26	27	28	29	30	31

AUGUST

S	M	T	W	T	F	S
1	2	3	4	5	6	7
8	9	10	11	12	13	14
15	16	17	18	19	20	21
22	23	24	25	26	27	28
29	30	31				

August 6, 2021 (Friday)

12 a.m
1
2
3
4
5
6
7
8
9
10
11
12 p.m
1
2
3
4
5
6
7
8
9
10
11

SEPTEMBER

S	M	T	W	T	F	S
			1	2	3	4
5	6	7	8	9	10	11
12	13	14	15	16	17	18
19	20	21	22	23	24	25
26	27	28	29	30		

OCTOBER

S	M	T	W	T	F	S
					1	2
3	4	5	6	7	8	9
10	11	12	13	14	15	16
17	18	19	20	21	22	23
24	25	26	27	28	29	30
31						

12 a.m
1
2
3
4
5
6
7
8
9
10
11
12 p.m
1
2
3
4
5
6
7
8
9
10
11

JULY

S	M	T	W	T	F	S
				1	2	3
4	5	6	7	8	9	10
11	12	13	14	15	16	17
18	19	20	21	22	23	24
25	26	27	28	29	30	31

AUGUST

S	M	T	W	T	F	S
1	2	3	4	5	6	7
8	9	10	11	12	13	14
15	16	17	18	19	20	21
22	23	24	25	26	27	28
29	30	31				

August 8, 2021 (Sunday)

12 a.m
1
2
3
4
5
6
7
8
9
10
11
12 p.m
1
2
3
4
5
6
7
8
9
10
11

SEPTEMBER

S	M	T	W	T	F	S
			1	2	3	4
5	6	7	8	9	10	11
12	13	14	15	16	17	18
19	20	21	22	23	24	25
26	27	28	29	30		

OCTOBER

S	M	T	W	T	F	S
					1	2
3	4	5	6	7	8	9
10	11	12	13	14	15	16
17	18	19	20	21	22	23
24	25	26	27	28	29	30
31						

12 a.m
1
2
3
4
5
6
7
8
9
10
11
12 p.m
1
2
3
4
5
6
7
8
9
10
11

JULY

S	M	T	W	T	F	S
				1	2	3
4	5	6	7	8	9	10
11	12	13	14	15	16	17
18	19	20	21	22	23	24
25	26	27	28	29	30	31

AUGUST

S	M	T	W	T	F	S
1	2	3	4	5	6	7
8	9	10	11	12	13	14
15	16	17	18	19	20	21
22	23	24	25	26	27	28
29	30	31				

August 10, 2021 (Tuesday)

12 a.m
1
2
3
4
5
6
7
8
9
10
11
12 p.m
1
2
3
4
5
6
7
8
9
10
11

SEPTEMBER

S	M	T	W	T	F	S
			1	2	3	4
5	6	7	8	9	10	11
12	13	14	15	16	17	18
19	20	21	22	23	24	25
26	27	28	29	30		

OCTOBER

S	M	T	W	T	F	S
					1	2
3	4	5	6	7	8	9
10	11	12	13	14	15	16
17	18	19	20	21	22	23
24	25	26	27	28	29	30
31						

12 a.m
1
2
3
4
5
6
7
8
9
10
11
12 p.m
1
2
3
4
5
6
7
8
9
10
11

JULY

S	M	T	W	T	F	S
				1	2	3
4	5	6	7	8	9	10
11	12	13	14	15	16	17
18	19	20	21	22	23	24
25	26	27	28	29	30	31

AUGUST

S	M	T	W	T	F	S
1	2	3	4	5	6	7
8	9	10	11	12	13	14
15	16	17	18	19	20	21
22	23	24	25	26	27	28
29	30	31				

August 12, 2021 (Thursday)

12 a.m
1
2
3
4
5
6
7
8
9
10
11
12 p.m
1
2
3
4
5
6
7
8
9
10
11

SEPTEMBER

S	M	T	W	T	F	S
			1	2	3	4
5	6	7	8	9	10	11
12	13	14	15	16	17	18
19	20	21	22	23	24	25
26	27	28	29	30		

OCTOBER

S	M	T	W	T	F	S
					1	2
3	4	5	6	7	8	9
10	11	12	13	14	15	16
17	18	19	20	21	22	23
24	25	26	27	28	29	30
31						

12 a.m
1
2
3
4
5
6
7
8
9
10
11
12 p.m
1
2
3
4
5
6
7
8
9
10
11

JULY

S	M	T	W	T	F	S
				1	2	3
4	5	6	7	8	9	10
11	12	13	14	15	16	17
18	19	20	21	22	23	24
25	26	27	28	29	30	31

AUGUST

S	M	T	W	T	F	S
1	2	3	4	5	6	7
8	9	10	11	12	13	14
15	16	17	18	19	20	21
22	23	24	25	26	27	28
29	30	31				

August 14, 2021 (Saturday)

12 a.m
1
2
3
4
5
6
7
8
9
10
11
12 p.m
1
2
3
4
5
6
7
8
9
10
11

SEPTEMBER

S	M	T	W	T	F	S
			1	2	3	4
5	6	7	8	9	10	11
12	13	14	15	16	17	18
19	20	21	22	23	24	25
26	27	28	29	30		

OCTOBER

S	M	T	W	T	F	S
					1	2
3	4	5	6	7	8	9
10	11	12	13	14	15	16
17	18	19	20	21	22	23
24	25	26	27	28	29	30
31						

12 a.m
1
2
3
4
5
6
7
8
9
10
11
12 p.m
1
2
3
4
5
6
7
8
9
10
11

JULY

S	M	T	W	T	F	S
				1	2	3
4	5	6	7	8	9	10
11	12	13	14	15	16	17
18	19	20	21	22	23	24
25	26	27	28	29	30	31

AUGUST

S	M	T	W	T	F	S
1	2	3	4	5	6	7
8	9	10	11	12	13	14
15	16	17	18	19	20	21
22	23	24	25	26	27	28
29	30	31				

August 16, 2021 (Monday)

12 a.m
1
2
3
4
5
6
7
8
9
10
11
12 p.m
1
2
3
4
5
6
7
8
9
10
11

SEPTEMBER

S	M	T	W	T	F	S
			1	2	3	4
5	6	7	8	9	10	11
12	13	14	15	16	17	18
19	20	21	22	23	24	25
26	27	28	29	30		

OCTOBER

S	M	T	W	T	F	S
					1	2
3	4	5	6	7	8	9
10	11	12	13	14	15	16
17	18	19	20	21	22	23
24	25	26	27	28	29	30
31						

12 a.m
1
2
3
4
5
6
7
8
9
10
11
12 p.m
1
2
3
4
5
6
7
8
9
10
11

JULY

S	M	T	W	T	F	S
				1	2	3
4	5	6	7	8	9	10
11	12	13	14	15	16	17
18	19	20	21	22	23	24
25	26	27	28	29	30	31

AUGUST

S	M	T	W	T	F	S
1	2	3	4	5	6	7
8	9	10	11	12	13	14
15	16	17	18	19	20	21
22	23	24	25	26	27	28
29	30	31				

August 18, 2021 (Wednesday)

12 a.m
1
2
3
4
5
6
7
8
9
10
11
12 p.m
1
2
3
4
5
6
7
8
9
10
11

SEPTEMBER

S	M	T	W	T	F	S
			1	2	3	4
5	6	7	8	9	10	11
12	13	14	15	16	17	18
19	20	21	22	23	24	25
26	27	28	29	30		

OCTOBER

S	M	T	W	T	F	S
					1	2
3	4	5	6	7	8	9
10	11	12	13	14	15	16
17	18	19	20	21	22	23
24	25	26	27	28	29	30
31						

12 a.m
1
2
3
4
5
6
7
8
9
10
11
12 p.m
1
2
3
4
5
6
7
8
9
10
11

JULY

S	M	T	W	T	F	S
				1	2	3
4	5	6	7	8	9	10
11	12	13	14	15	16	17
18	19	20	21	22	23	24
25	26	27	28	29	30	31

AUGUST

S	M	T	W	T	F	S
1	2	3	4	5	6	7
8	9	10	11	12	13	14
15	16	17	18	19	20	21
22	23	24	25	26	27	28
29	30	31				

August 20, 2021 (Friday)

12 a.m
1
2
3
4
5
6
7
8
9
10
11
12 p.m
1
2
3
4
5
6
7
8
9
10
11

SEPTEMBER

S	M	T	W	T	F	S
			1	2	3	4
5	6	7	8	9	10	11
12	13	14	15	16	17	18
19	20	21	22	23	24	25
26	27	28	29	30		

OCTOBER

S	M	T	W	T	F	S
					1	2
3	4	5	6	7	8	9
10	11	12	13	14	15	16
17	18	19	20	21	22	23
24	25	26	27	28	29	30
31						

12 a.m
1
2
3
4
5
6
7
8
9
10
11
12 p.m
1
2
3
4
5
6
7
8
9
10
11

JULY

S	M	T	W	T	F	S
				1	2	3
4	5	6	7	8	9	10
11	12	13	14	15	16	17
18	19	20	21	22	23	24
25	26	27	28	29	30	31

AUGUST

S	M	T	W	T	F	S
1	2	3	4	5	6	7
8	9	10	11	12	13	14
15	16	17	18	19	20	21
22	23	24	25	26	27	28
29	30	31				

August 22, 2021 (Sunday)

12 a.m
1
2
3
4
5
6
7
8
9
10
11
12 p.m
1
2
3
4
5
6
7
8
9
10
11

SEPTEMBER

S	M	T	W	T	F	S
			1	2	3	4
5	6	7	8	9	10	11
12	13	14	15	16	17	18
19	20	21	22	23	24	25
26	27	28	29	30		

OCTOBER

S	M	T	W	T	F	S
					1	2
3	4	5	6	7	8	9
10	11	12	13	14	15	16
17	18	19	20	21	22	23
24	25	26	27	28	29	30
31						

12 a.m
1
2
3
4
5
6
7
8
9
10
11
12 p.m
1
2
3
4
5
6
7
8
9
10
11

JULY

S	M	T	W	T	F	S
				1	2	3
4	5	6	7	8	9	10
11	12	13	14	15	16	17
18	19	20	21	22	23	24
25	26	27	28	29	30	31

AUGUST

S	M	T	W	T	F	S
1	2	3	4	5	6	7
8	9	10	11	12	13	14
15	16	17	18	19	20	21
22	23	24	25	26	27	28
29	30	31				

August 24, 2021 (Tuesday)

12 a.m
1
2
3
4
5
6
7
8
9
10
11
12 p.m
1
2
3
4
5
6
7
8
9
10
11

SEPTEMBER

S	M	T	W	T	F	S
			1	2	3	4
5	6	7	8	9	10	11
12	13	14	15	16	17	18
19	20	21	22	23	24	25
26	27	28	29	30		

OCTOBER

S	M	T	W	T	F	S
					1	2
3	4	5	6	7	8	9
10	11	12	13	14	15	16
17	18	19	20	21	22	23
24	25	26	27	28	29	30
31						

12 a.m
1
2
3
4
5
6
7
8
9
10
11
12 p.m
1
2
3
4
5
6
7
8
9
10
11

JULY

S	M	T	W	T	F	S
				1	2	3
4	5	6	7	8	9	10
11	12	13	14	15	16	17
18	19	20	21	22	23	24
25	26	27	28	29	30	31

AUGUST

S	M	T	W	T	F	S
1	2	3	4	5	6	7
8	9	10	11	12	13	14
15	16	17	18	19	20	21
22	23	24	25	26	27	28
29	30	31				

August 26, 2021 (Thursday)

12 a.m
1
2
3
4
5
6
7
8
9
10
11
12 p.m
1
2
3
4
5
6
7
8
9
10
11

SEPTEMBER

S	M	T	W	T	F	S
			1	2	3	4
5	6	7	8	9	10	11
12	13	14	15	16	17	18
19	20	21	22	23	24	25
26	27	28	29	30		

OCTOBER

S	M	T	W	T	F	S
					1	2
3	4	5	6	7	8	9
10	11	12	13	14	15	16
17	18	19	20	21	22	23
24	25	26	27	28	29	30
31						

12 a.m
1
2
3
4
5
6
7
8
9
10
11
12 p.m
1
2
3
4
5
6
7
8
9
10
11

JULY

S	M	T	W	T	F	S
				1	2	3
4	5	6	7	8	9	10
11	12	13	14	15	16	17
18	19	20	21	22	23	24
25	26	27	28	29	30	31

AUGUST

S	M	T	W	T	F	S
1	2	3	4	5	6	7
8	9	10	11	12	13	14
15	16	17	18	19	20	21
22	23	24	25	26	27	28
29	30	31				

August 28, 2021 (Saturday)

12 a.m
1
2
3
4
5
6
7
8
9
10
11
12 p.m
1
2
3
4
5
6
7
8
9
10
11

SEPTEMBER

S	M	T	W	T	F	S
			1	2	3	4
5	6	7	8	9	10	11
12	13	14	15	16	17	18
19	20	21	22	23	24	25
26	27	28	29	30		

OCTOBER

S	M	T	W	T	F	S
					1	2
3	4	5	6	7	8	9
10	11	12	13	14	15	16
17	18	19	20	21	22	23
24	25	26	27	28	29	30
31						

August 29, 2021 (Sunday)

12 a.m
1
2
3
4
5
6
7
8
9
10
11
12 p.m
1
2
3
4
5
6
7
8
9
10
11

JULY

S	M	T	W	T	F	S
				1	2	3
4	5	6	7	8	9	10
11	12	13	14	15	16	17
18	19	20	21	22	23	24
25	26	27	28	29	30	31

AUGUST

S	M	T	W	T	F	S
1	2	3	4	5	6	7
8	9	10	11	12	13	14
15	16	17	18	19	20	21
22	23	24	25	26	27	28
29	30	31				

August 30, 2021 (Monday)

12 a.m
1
2
3
4
5
6
7
8
9
10
11
12 p.m
1
2
3
4
5
6
7
8
9
10
11

SEPTEMBER

S	M	T	W	T	F	S
			1	2	3	4
5	6	7	8	9	10	11
12	13	14	15	16	17	18
19	20	21	22	23	24	25
26	27	28	29	30		

OCTOBER

S	M	T	W	T	F	S
					1	2
3	4	5	6	7	8	9
10	11	12	13	14	15	16
17	18	19	20	21	22	23
24	25	26	27	28	29	30
31						

12 a.m
1
2
3
4
5
6
7
8
9
10
11
12 p.m
1
2
3
4
5
6
7
8
9
10
11

JULY

S	M	T	W	T	F	S
				1	2	3
4	5	6	7	8	9	10
11	12	13	14	15	16	17
18	19	20	21	22	23	24
25	26	27	28	29	30	31

AUGUST

S	M	T	W	T	F	S
1	2	3	4	5	6	7
8	9	10	11	12	13	14
15	16	17	18	19	20	21
22	23	24	25	26	27	28
29	30	31				

September 1, 2021 (Wednesday)

12 a.m
1
2
3
4
5
6
7
8
9
10
11
12 p.m
1
2
3
4
5
6
7
8
9
10
11

SEPTEMBER

S	M	T	W	T	F	S
			1	2	3	4
5	6	7	8	9	10	11
12	13	14	15	16	17	18
19	20	21	22	23	24	25
26	27	28	29	30		

OCTOBER

S	M	T	W	T	F	S
					1	2
3	4	5	6	7	8	9
10	11	12	13	14	15	16
17	18	19	20	21	22	23
24	25	26	27	28	29	30
31						

September 2, 2021 (Thursday)

12 a.m
1
2
3
4
5
6
7
8
9
10
11
12 p.m
1
2
3
4
5
6
7
8
9
10
11

AUGUST

S	M	T	W	T	F	S
1	2	3	4	5	6	7
8	9	10	11	12	13	14
15	16	17	18	19	20	21
22	23	24	25	26	27	28
29	30	31				

SEPTEMBER

S	M	T	W	T	F	S
			1	2	3	4
5	6	7	8	9	10	11
12	13	14	15	16	17	18
19	20	21	22	23	24	25
26	27	28	29	30		

September 3, 2021 (Friday)

12 a.m
1
2
3
4
5
6
7
8
9
10
11
12 p.m
1
2
3
4
5
6
7
8
9
10
11

OCTOBER

S	M	T	W	T	F	S
					1	2
3	4	5	6	7	8	9
10	11	12	13	14	15	16
17	18	19	20	21	22	23
24	25	26	27	28	29	30
31						

NOVEMBER

S	M	T	W	T	F	S
	1	2	3	4	5	6
7	8	9	10	11	12	13
14	15	16	17	18	19	20
21	22	23	24	25	26	27
28	29	30				

12 a.m
1
2
3
4
5
6
7
8
9
10
11
12 p.m
1
2
3
4
5
6
7
8
9
10
11

AUGUST

S	M	T	W	T	F	S
1	2	3	4	5	6	7
8	9	10	11	12	13	14
15	16	17	18	19	20	21
22	23	24	25	26	27	28
29	30	31				

SEPTEMBER

S	M	T	W	T	F	S
			1	2	3	4
5	6	7	8	9	10	11
12	13	14	15	16	17	18
19	20	21	22	23	24	25
26	27	28	29	30		

September 5, 2021 (Sunday)

12 a.m
1
2
3
4
5
6
7
8
9
10
11
12 p.m
1
2
3
4
5
6
7
8
9
10
11

OCTOBER

S	M	T	W	T	F	S
					1	2
3	4	5	6	7	8	9
10	11	12	13	14	15	16
17	18	19	20	21	22	23
24	25	26	27	28	29	30
31						

NOVEMBER

S	M	T	W	T	F	S
	1	2	3	4	5	6
7	8	9	10	11	12	13
14	15	16	17	18	19	20
21	22	23	24	25	26	27
28	29	30				

12 a.m
1
2
3
4
5
6
7
8
9
10
11
12 p.m
1
2
3
4
5
6
7
8
9
10
11

AUGUST

S	M	T	W	T	F	S
1	2	3	4	5	6	7
8	9	10	11	12	13	14
15	16	17	18	19	20	21
22	23	24	25	26	27	28
29	30	31				

SEPTEMBER

S	M	T	W	T	F	S
			1	2	3	4
5	6	7	8	9	10	11
12	13	14	15	16	17	18
19	20	21	22	23	24	25
26	27	28	29	30		

September 7, 2021 (Tuesday)

12 a.m
1
2
3
4
5
6
7
8
9
10
11
12 p.m
1
2
3
4
5
6
7
8
9
10
11

OCTOBER

S	M	T	W	T	F	S
					1	2
3	4	5	6	7	8	9
10	11	12	13	14	15	16
17	18	19	20	21	22	23
24	25	26	27	28	29	30
31						

NOVEMBER

S	M	T	W	T	F	S
	1	2	3	4	5	6
7	8	9	10	11	12	13
14	15	16	17	18	19	20
21	22	23	24	25	26	27
28	29	30				

12 a.m
1
2
3
4
5
6
7
8
9
10
11
12 p.m
1
2
3
4
5
6
7
8
9
10
11

AUGUST

S	M	T	W	T	F	S
1	2	3	4	5	6	7
8	9	10	11	12	13	14
15	16	17	18	19	20	21
22	23	24	25	26	27	28
29	30	31				

SEPTEMBER

S	M	T	W	T	F	S
			1	2	3	4
5	6	7	8	9	10	11
12	13	14	15	16	17	18
19	20	21	22	23	24	25
26	27	28	29	30		

September 9, 2021 (Thursday)

12 a.m
1
2
3
4
5
6
7
8
9
10
11
12 p.m
1
2
3
4
5
6
7
8
9
10
11

OCTOBER

S	M	T	W	T	F	S
					1	2
3	4	5	6	7	8	9
10	11	12	13	14	15	16
17	18	19	20	21	22	23
24	25	26	27	28	29	30
31						

NOVEMBER

S	M	T	W	T	F	S
	1	2	3	4	5	6
7	8	9	10	11	12	13
14	15	16	17	18	19	20
21	22	23	24	25	26	27
28	29	30				

12 a.m
1
2
3
4
5
6
7
8
9
10
11
12 p.m
1
2
3
4
5
6
7
8
9
10
11

AUGUST

S	M	T	W	T	F	S
1	2	3	4	5	6	7
8	9	10	11	12	13	14
15	16	17	18	19	20	21
22	23	24	25	26	27	28
29	30	31				

SEPTEMBER

S	M	T	W	T	F	S
			1	2	3	4
5	6	7	8	9	10	11
12	13	14	15	16	17	18
19	20	21	22	23	24	25
26	27	28	29	30		

September 11, 2021 (Saturday)

12 a.m
1
2
3
4
5
6
7
8
9
10
11
12 p.m
1
2
3
4
5
6
7
8
9
10
11

OCTOBER

S	M	T	W	T	F	S
					1	2
3	4	5	6	7	8	9
10	11	12	13	14	15	16
17	18	19	20	21	22	23
24	25	26	27	28	29	30
31						

NOVEMBER

S	M	T	W	T	F	S
	1	2	3	4	5	6
7	8	9	10	11	12	13
14	15	16	17	18	19	20
21	22	23	24	25	26	27
28	29	30				

12 a.m
1
2
3
4
5
6
7
8
9
10
11
12 p.m
1
2
3
4
5
6
7
8
9
10
11

AUGUST

S	M	T	W	T	F	S
1	2	3	4	5	6	7
8	9	10	11	12	13	14
15	16	17	18	19	20	21
22	23	24	25	26	27	28
29	30	31				

SEPTEMBER

S	M	T	W	T	F	S
			1	2	3	4
5	6	7	8	9	10	11
12	13	14	15	16	17	18
19	20	21	22	23	24	25
26	27	28	29	30		

September 13, 2021 (Monday)

12 a.m
1
2
3
4
5
6
7
8
9
10
11
12 p.m
1
2
3
4
5
6
7
8
9
10
11

OCTOBER

S	M	T	W	T	F	S
					1	2
3	4	5	6	7	8	9
10	11	12	13	14	15	16
17	18	19	20	21	22	23
24	25	26	27	28	29	30
31						

NOVEMBER

S	M	T	W	T	F	S
	1	2	3	4	5	6
7	8	9	10	11	12	13
14	15	16	17	18	19	20
21	22	23	24	25	26	27
28	29	30				

12 a.m
1
2
3
4
5
6
7
8
9
10
11
12 p.m
1
2
3
4
5
6
7
8
9
10
11

AUGUST

S	M	T	W	T	F	S
1	2	3	4	5	6	7
8	9	10	11	12	13	14
15	16	17	18	19	20	21
22	23	24	25	26	27	28
29	30	31				

SEPTEMBER

S	M	T	W	T	F	S
			1	2	3	4
5	6	7	8	9	10	11
12	13	14	15	16	17	18
19	20	21	22	23	24	25
26	27	28	29	30		

September 15, 2021 (Wednesday)

12 a.m
1
2
3
4
5
6
7
8
9
10
11
12 p.m
1
2
3
4
5
6
7
8
9
10
11

OCTOBER

S	M	T	W	T	F	S
					1	2
3	4	5	6	7	8	9
10	11	12	13	14	15	16
17	18	19	20	21	22	23
24	25	26	27	28	29	30
31						

NOVEMBER

S	M	T	W	T	F	S
	1	2	3	4	5	6
7	8	9	10	11	12	13
14	15	16	17	18	19	20
21	22	23	24	25	26	27
28	29	30				

12 a.m
1
2
3
4
5
6
7
8
9
10
11
12 p.m
1
2
3
4
5
6
7
8
9
10
11

AUGUST

S	M	T	W	T	F	S
1	2	3	4	5	6	7
8	9	10	11	12	13	14
15	16	17	18	19	20	21
22	23	24	25	26	27	28
29	30	31				

SEPTEMBER

S	M	T	W	T	F	S
			1	2	3	4
5	6	7	8	9	10	11
12	13	14	15	16	17	18
19	20	21	22	23	24	25
26	27	28	29	30		

September 17, 2021 (Friday)

12 a.m
1
2
3
4
5
6
7
8
9
10
11
12 p.m
1
2
3
4
5
6
7
8
9
10
11

OCTOBER

S	M	T	W	T	F	S
					1	2
3	4	5	6	7	8	9
10	11	12	13	14	15	16
17	18	19	20	21	22	23
24	25	26	27	28	29	30
31						

NOVEMBER

S	M	T	W	T	F	S
	1	2	3	4	5	6
7	8	9	10	11	12	13
14	15	16	17	18	19	20
21	22	23	24	25	26	27
28	29	30				

12 a.m
1
2
3
4
5
6
7
8
9
10
11
12 p.m
1
2
3
4
5
6
7
8
9
10
11

AUGUST

S	M	T	W	T	F	S
1	2	3	4	5	6	7
8	9	10	11	12	13	14
15	16	17	18	19	20	21
22	23	24	25	26	27	28
29	30	31				

SEPTEMBER

S	M	T	W	T	F	S
			1	2	3	4
5	6	7	8	9	10	11
12	13	14	15	16	17	18
19	20	21	22	23	24	25
26	27	28	29	30		

September 19, 2021 (Sunday)

12 a.m
1
2
3
4
5
6
7
8
9
10
11
12 p.m
1
2
3
4
5
6
7
8
9
10
11

OCTOBER

S	M	T	W	T	F	S
					1	2
3	4	5	6	7	8	9
10	11	12	13	14	15	16
17	18	19	20	21	22	23
24	25	26	27	28	29	30
31						

NOVEMBER

S	M	T	W	T	F	S
	1	2	3	4	5	6
7	8	9	10	11	12	13
14	15	16	17	18	19	20
21	22	23	24	25	26	27
28	29	30				

12 a.m
1
2
3
4
5
6
7
8
9
10
11
12 p.m
1
2
3
4
5
6
7
8
9
10
11

AUGUST

S	M	T	W	T	F	S
1	2	3	4	5	6	7
8	9	10	11	12	13	14
15	16	17	18	19	20	21
22	23	24	25	26	27	28
29	30	31				

SEPTEMBER

S	M	T	W	T	F	S
			1	2	3	4
5	6	7	8	9	10	11
12	13	14	15	16	17	18
19	20	21	22	23	24	25
26	27	28	29	30		

September 21, 2021 (Tuesday)

12 a.m
1
2
3
4
5
6
7
8
9
10
11
12 p.m
1
2
3
4
5
6
7
8
9
10
11

OCTOBER

S	M	T	W	T	F	S
					1	2
3	4	5	6	7	8	9
10	11	12	13	14	15	16
17	18	19	20	21	22	23
24	25	26	27	28	29	30
31						

NOVEMBER

S	M	T	W	T	F	S
	1	2	3	4	5	6
7	8	9	10	11	12	13
14	15	16	17	18	19	20
21	22	23	24	25	26	27
28	29	30				

12 a.m
1
2
3
4
5
6
7
8
9
10
11
12 p.m
1
2
3
4
5
6
7
8
9
10
11

AUGUST

S	M	T	W	T	F	S
1	2	3	4	5	6	7
8	9	10	11	12	13	14
15	16	17	18	19	20	21
22	23	24	25	26	27	28
29	30	31				

SEPTEMBER

S	M	T	W	T	F	S
			1	2	3	4
5	6	7	8	9	10	11
12	13	14	15	16	17	18
19	20	21	22	23	24	25
26	27	28	29	30		

September 23, 2021 (Thursday)

12 a.m
1
2
3
4
5
6
7
8
9
10
11
12 p.m
1
2
3
4
5
6
7
8
9
10
11

OCTOBER

S	M	T	W	T	F	S
					1	2
3	4	5	6	7	8	9
10	11	12	13	14	15	16
17	18	19	20	21	22	23
24	25	26	27	28	29	30
31						

NOVEMBER

S	M	T	W	T	F	S
	1	2	3	4	5	6
7	8	9	10	11	12	13
14	15	16	17	18	19	20
21	22	23	24	25	26	27
28	29	30				

12 a.m
1
2
3
4
5
6
7
8
9
10
11
12 p.m
1
2
3
4
5
6
7
8
9
10
11

AUGUST

S	M	T	W	T	F	S
1	2	3	4	5	6	7
8	9	10	11	12	13	14
15	16	17	18	19	20	21
22	23	24	25	26	27	28
29	30	31				

SEPTEMBER

S	M	T	W	T	F	S
			1	2	3	4
5	6	7	8	9	10	11
12	13	14	15	16	17	18
19	20	21	22	23	24	25
26	27	28	29	30		

September 25, 2021 (Saturday)

12 a.m
1
2
3
4
5
6
7
8
9
10
11
12 p.m
1
2
3
4
5
6
7
8
9
10
11

OCTOBER

S	M	T	W	T	F	S
					1	2
3	4	5	6	7	8	9
10	11	12	13	14	15	16
17	18	19	20	21	22	23
24	25	26	27	28	29	30
31						

NOVEMBER

S	M	T	W	T	F	S
	1	2	3	4	5	6
7	8	9	10	11	12	13
14	15	16	17	18	19	20
21	22	23	24	25	26	27
28	29	30				

12 a.m
1
2
3
4
5
6
7
8
9
10
11
12 p.m
1
2
3
4
5
6
7
8
9
10
11

AUGUST

S	M	T	W	T	F	S
1	2	3	4	5	6	7
8	9	10	11	12	13	14
15	16	17	18	19	20	21
22	23	24	25	26	27	28
29	30	31				

SEPTEMBER

S	M	T	W	T	F	S
			1	2	3	4
5	6	7	8	9	10	11
12	13	14	15	16	17	18
19	20	21	22	23	24	25
26	27	28	29	30		

September 27, 2021 (Monday)

12 a.m
1
2
3
4
5
6
7
8
9
10
11
12 p.m
1
2
3
4
5
6
7
8
9
10
11

OCTOBER

S	M	T	W	T	F	S
					1	2
3	4	5	6	7	8	9
10	11	12	13	14	15	16
17	18	19	20	21	22	23
24	25	26	27	28	29	30
31						

NOVEMBER

S	M	T	W	T	F	S
	1	2	3	4	5	6
7	8	9	10	11	12	13
14	15	16	17	18	19	20
21	22	23	24	25	26	27
28	29	30				

12 a.m
1
2
3
4
5
6
7
8
9
10
11
12 p.m
1
2
3
4
5
6
7
8
9
10
11

AUGUST

S	M	T	W	T	F	S
1	2	3	4	5	6	7
8	9	10	11	12	13	14
15	16	17	18	19	20	21
22	23	24	25	26	27	28
29	30	31				

SEPTEMBER

S	M	T	W	T	F	S
			1	2	3	4
5	6	7	8	9	10	11
12	13	14	15	16	17	18
19	20	21	22	23	24	25
26	27	28	29	30		

September 29, 2021 (Wednesday)

12 a.m
1
2
3
4
5
6
7
8
9
10
11
12 p.m
1
2
3
4
5
6
7
8
9
10
11

OCTOBER

S	M	T	W	T	F	S
					1	2
3	4	5	6	7	8	9
10	11	12	13	14	15	16
17	18	19	20	21	22	23
24	25	26	27	28	29	30
31						

NOVEMBER

S	M	T	W	T	F	S
	1	2	3	4	5	6
7	8	9	10	11	12	13
14	15	16	17	18	19	20
21	22	23	24	25	26	27
28	29	30				

12 a.m
1
2
3
4
5
6
7
8
9
10
11
12 p.m
1
2
3
4
5
6
7
8
9
10
11

AUGUST

S	M	T	W	T	F	S
1	2	3	4	5	6	7
8	9	10	11	12	13	14
15	16	17	18	19	20	21
22	23	24	25	26	27	28
29	30	31				

SEPTEMBER

S	M	T	W	T	F	S
			1	2	3	4
5	6	7	8	9	10	11
12	13	14	15	16	17	18
19	20	21	22	23	24	25
26	27	28	29	30		

October 1, 2021 (Friday)

12 a.m
1
2
3
4
5
6
7
8
9
10
11
12 p.m
1
2
3
4
5
6
7
8
9
10
11

OCTOBER

S	M	T	W	T	F	S
					1	2
3	4	5	6	7	8	9
10	11	12	13	14	15	16
17	18	19	20	21	22	23
24	25	26	27	28	29	30
31						

NOVEMBER

S	M	T	W	T	F	S
	1	2	3	4	5	6
7	8	9	10	11	12	13
14	15	16	17	18	19	20
21	22	23	24	25	26	27
28	29	30				

12 a.m
1
2
3
4
5
6
7
8
9
10
11
12 p.m
1
2
3
4
5
6
7
8
9
10
11

SEPTEMBER

S	M	T	W	T	F	S
			1	2	3	4
5	6	7	8	9	10	11
12	13	14	15	16	17	18
19	20	21	22	23	24	25
26	27	28	29	30		

OCTOBER

S	M	T	W	T	F	S
					1	2
3	4	5	6	7	8	9
10	11	12	13	14	15	16
17	18	19	20	21	22	23
24	25	26	27	28	29	30
31						

October 3, 2021 (Sunday)

12 a.m
1
2
3
4
5
6
7
8
9
10
11
12 p.m
1
2
3
4
5
6
7
8
9
10
11

NOVEMBER

S	M	T	W	T	F	S
	1	2	3	4	5	6
7	8	9	10	11	12	13
14	15	16	17	18	19	20
21	22	23	24	25	26	27
28	29	30				

DECEMBER

S	M	T	W	T	F	S
			1	2	3	4
5	6	7	8	9	10	11
12	13	14	15	16	17	18
19	20	21	22	23	24	25
26	27	28	29	30	31	

12 a.m
1
2
3
4
5
6
7
8
9
10
11
12 p.m
1
2
3
4
5
6
7
8
9
10
11

SEPTEMBER

S	M	T	W	T	F	S
			1	2	3	4
5	6	7	8	9	10	11
12	13	14	15	16	17	18
19	20	21	22	23	24	25
26	27	28	29	30		

OCTOBER

S	M	T	W	T	F	S
					1	2
3	4	5	6	7	8	9
10	11	12	13	14	15	16
17	18	19	20	21	22	23
24	25	26	27	28	29	30
31						

October 5, 2021 (Tuesday)

12 a.m
1
2
3
4
5
6
7
8
9
10
11
12 p.m
1
2
3
4
5
6
7
8
9
10
11

NOVEMBER

S	M	T	W	T	F	S
	1	2	3	4	5	6
7	8	9	10	11	12	13
14	15	16	17	18	19	20
21	22	23	24	25	26	27
28	29	30				

DECEMBER

S	M	T	W	T	F	S
			1	2	3	4
5	6	7	8	9	10	11
12	13	14	15	16	17	18
19	20	21	22	23	24	25
26	27	28	29	30	31	

12 a.m
1
2
3
4
5
6
7
8
9
10
11
12 p.m
1
2
3
4
5
6
7
8
9
10
11

SEPTEMBER

S	M	T	W	T	F	S
			1	2	3	4
5	6	7	8	9	10	11
12	13	14	15	16	17	18
19	20	21	22	23	24	25
26	27	28	29	30		

OCTOBER

S	M	T	W	T	F	S
					1	2
3	4	5	6	7	8	9
10	11	12	13	14	15	16
17	18	19	20	21	22	23
24	25	26	27	28	29	30
31						

October 7, 2021 (Thursday)

12 a.m
1
2
3
4
5
6
7
8
9
10
11
12 p.m
1
2
3
4
5
6
7
8
9
10
11

NOVEMBER

S	M	T	W	T	F	S
	1	2	3	4	5	6
7	8	9	10	11	12	13
14	15	16	17	18	19	20
21	22	23	24	25	26	27
28	29	30				

DECEMBER

S	M	T	W	T	F	S
			1	2	3	4
5	6	7	8	9	10	11
12	13	14	15	16	17	18
19	20	21	22	23	24	25
26	27	28	29	30	31	

12 a.m
1
2
3
4
5
6
7
8
9
10
11
12 p.m
1
2
3
4
5
6
7
8
9
10
11

SEPTEMBER

S	M	T	W	T	F	S
			1	2	3	4
5	6	7	8	9	10	11
12	13	14	15	16	17	18
19	20	21	22	23	24	25
26	27	28	29	30		

OCTOBER

S	M	T	W	T	F	S
					1	2
3	4	5	6	7	8	9
10	11	12	13	14	15	16
17	18	19	20	21	22	23
24	25	26	27	28	29	30
31						

October 9, 2021 (Saturday)

12 a.m
1
2
3
4
5
6
7
8
9
10
11
12 p.m
1
2
3
4
5
6
7
8
9
10
11

NOVEMBER

S	M	T	W	T	F	S
	1	2	3	4	5	6
7	8	9	10	11	12	13
14	15	16	17	18	19	20
21	22	23	24	25	26	27
28	29	30				

DECEMBER

S	M	T	W	T	F	S
			1	2	3	4
5	6	7	8	9	10	11
12	13	14	15	16	17	18
19	20	21	22	23	24	25
26	27	28	29	30	31	

12 a.m
1
2
3
4
5
6
7
8
9
10
11
12 p.m
1
2
3
4
5
6
7
8
9
10
11

SEPTEMBER

S	M	T	W	T	F	S
			1	2	3	4
5	6	7	8	9	10	11
12	13	14	15	16	17	18
19	20	21	22	23	24	25
26	27	28	29	30		

OCTOBER

S	M	T	W	T	F	S
					1	2
3	4	5	6	7	8	9
10	11	12	13	14	15	16
17	18	19	20	21	22	23
24	25	26	27	28	29	30
31						

Columbus Day

October 11, 2021 (Monday)

12 a.m
1
2
3
4
5
6
7
8
9
10
11
12 p.m
1
2
3
4
5
6
7
8
9
10
11

NOVEMBER

S	M	T	W	T	F	S
	1	2	3	4	5	6
7	8	9	10	11	12	13
14	15	16	17	18	19	20
21	22	23	24	25	26	27
28	29	30				

DECEMBER

S	M	T	W	T	F	S
			1	2	3	4
5	6	7	8	9	10	11
12	13	14	15	16	17	18
19	20	21	22	23	24	25
26	27	28	29	30	31	

12 a.m
1
2
3
4
5
6
7
8
9
10
11
12 p.m
1
2
3
4
5
6
7
8
9
10
11

SEPTEMBER

S	M	T	W	T	F	S
			1	2	3	4
5	6	7	8	9	10	11
12	13	14	15	16	17	18
19	20	21	22	23	24	25
26	27	28	29	30		

OCTOBER

S	M	T	W	T	F	S
					1	2
3	4	5	6	7	8	9
10	11	12	13	14	15	16
17	18	19	20	21	22	23
24	25	26	27	28	29	30
31						

October 13, 2021 (Wednesday)

12 a.m
1
2
3
4
5
6
7
8
9
10
11
12 p.m
1
2
3
4
5
6
7
8
9
10
11

NOVEMBER

S	M	T	W	T	F	S
	1	2	3	4	5	6
7	8	9	10	11	12	13
14	15	16	17	18	19	20
21	22	23	24	25	26	27
28	29	30				

DECEMBER

S	M	T	W	T	F	S
			1	2	3	4
5	6	7	8	9	10	11
12	13	14	15	16	17	18
19	20	21	22	23	24	25
26	27	28	29	30	31	

12 a.m
1
2
3
4
5
6
7
8
9
10
11
12 p.m
1
2
3
4
5
6
7
8
9
10
11

SEPTEMBER

S	M	T	W	T	F	S
			1	2	3	4
5	6	7	8	9	10	11
12	13	14	15	16	17	18
19	20	21	22	23	24	25
26	27	28	29	30		

OCTOBER

S	M	T	W	T	F	S
					1	2
3	4	5	6	7	8	9
10	11	12	13	14	15	16
17	18	19	20	21	22	23
24	25	26	27	28	29	30
31						

October 15, 2021 (Friday)

12 a.m
1
2
3
4
5
6
7
8
9
10
11
12 p.m
1
2
3
4
5
6
7
8
9
10
11

NOVEMBER

S	M	T	W	T	F	S
	1	2	3	4	5	6
7	8	9	10	11	12	13
14	15	16	17	18	19	20
21	22	23	24	25	26	27
28	29	30				

DECEMBER

S	M	T	W	T	F	S
			1	2	3	4
5	6	7	8	9	10	11
12	13	14	15	16	17	18
19	20	21	22	23	24	25
26	27	28	29	30	31	

12 a.m
1
2
3
4
5
6
7
8
9
10
11
12 p.m
1
2
3
4
5
6
7
8
9
10
11

SEPTEMBER

S	M	T	W	T	F	S
			1	2	3	4
5	6	7	8	9	10	11
12	13	14	15	16	17	18
19	20	21	22	23	24	25
26	27	28	29	30		

OCTOBER

S	M	T	W	T	F	S
					1	2
3	4	5	6	7	8	9
10	11	12	13	14	15	16
17	18	19	20	21	22	23
24	25	26	27	28	29	30
31						

October 17, 2021 (Sunday)

12 a.m
1
2
3
4
5
6
7
8
9
10
11
12 p.m
1
2
3
4
5
6
7
8
9
10
11

NOVEMBER

S	M	T	W	T	F	S
	1	**2**	**3**	**4**	**5**	**6**
7	**8**	**9**	**10**	**11**	**12**	**13**
14	**15**	**16**	**17**	**18**	**19**	**20**
21	**22**	**23**	**24**	**25**	**26**	**27**
28	**29**	**30**				

DECEMBER

S	M	T	W	T	F	S
			1	**2**	**3**	**4**
5	**6**	**7**	**8**	**9**	**10**	**11**
12	**13**	**14**	**15**	**16**	**17**	**18**
19	**20**	**21**	**22**	**23**	**24**	**25**
26	**27**	**28**	**29**	**30**	**31**	

12 a.m
1
2
3
4
5
6
7
8
9
10
11
12 p.m
1
2
3
4
5
6
7
8
9
10
11

SEPTEMBER

S	M	T	W	T	F	S
			1	2	3	4
5	6	7	8	9	10	11
12	13	14	15	16	17	18
19	20	21	22	23	24	25
26	27	28	29	30		

OCTOBER

S	M	T	W	T	F	S
					1	2
3	4	5	6	7	8	9
10	11	12	13	14	15	16
17	18	19	20	21	22	23
24	25	26	27	28	29	30
31						

October 19, 2021 (Tuesday)

12 a.m
1
2
3
4
5
6
7
8
9
10
11
12 p.m
1
2
3
4
5
6
7
8
9
10
11

NOVEMBER

S	M	T	W	T	F	S
	1	2	3	4	5	6
7	8	9	10	11	12	13
14	15	16	17	18	19	20
21	22	23	24	25	26	27
28	29	30				

DECEMBER

S	M	T	W	T	F	S
			1	2	3	4
5	6	7	8	9	10	11
12	13	14	15	16	17	18
19	20	21	22	23	24	25
26	27	28	29	30	31	

12 a.m
1
2
3
4
5
6
7
8
9
10
11
12 p.m
1
2
3
4
5
6
7
8
9
10
11

SEPTEMBER

S	M	T	W	T	F	S
			1	2	3	4
5	6	7	8	9	10	11
12	13	14	15	16	17	18
19	20	21	22	23	24	25
26	27	28	29	30		

OCTOBER

S	M	T	W	T	F	S
					1	2
3	4	5	6	7	8	9
10	11	12	13	14	15	16
17	18	19	20	21	22	23
24	25	26	27	28	29	30
31						

October 21, 2021 (Thursday)

12 a.m
1
2
3
4
5
6
7
8
9
10
11
12 p.m
1
2
3
4
5
6
7
8
9
10
11

NOVEMBER

S	M	T	W	T	F	S
	1	2	3	4	5	6
7	8	9	10	11	12	13
14	15	16	17	18	19	20
21	22	23	24	25	26	27
28	29	30				

DECEMBER

S	M	T	W	T	F	S
			1	2	3	4
5	6	7	8	9	10	11
12	13	14	15	16	17	18
19	20	21	22	23	24	25
26	27	28	29	30	31	

12 a.m
1
2
3
4
5
6
7
8
9
10
11
12 p.m
1
2
3
4
5
6
7
8
9
10
11

SEPTEMBER

S	M	T	W	T	F	S
			1	2	3	4
5	6	7	8	9	10	11
12	13	14	15	16	17	18
19	20	21	22	23	24	25
26	27	28	29	30		

OCTOBER

S	M	T	W	T	F	S
					1	2
3	4	5	6	7	8	9
10	11	12	13	14	15	16
17	18	19	20	21	22	23
24	25	26	27	28	29	30
31						

October 23, 2021 (Saturday)

12 a.m
1
2
3
4
5
6
7
8
9
10
11
12 p.m
1
2
3
4
5
6
7
8
9
10
11

NOVEMBER

S	M	T	W	T	F	S
	1	2	3	4	5	6
7	8	9	10	11	12	13
14	15	16	17	18	19	20
21	22	23	24	25	26	27
28	29	30				

DECEMBER

S	M	T	W	T	F	S
			1	2	3	4
5	6	7	8	9	10	11
12	13	14	15	16	17	18
19	20	21	22	23	24	25
26	27	28	29	30	31	

12 a.m
1
2
3
4
5
6
7
8
9
10
11
12 p.m
1
2
3
4
5
6
7
8
9
10
11

SEPTEMBER

S	M	T	W	T	F	S
			1	2	3	4
5	6	7	8	9	10	11
12	13	14	15	16	17	18
19	20	21	22	23	24	25
26	27	28	29	30		

OCTOBER

S	M	T	W	T	F	S
					1	2
3	4	5	6	7	8	9
10	11	12	13	14	15	16
17	18	19	20	21	22	23
24	25	26	27	28	29	30
31						

October 25, 2021 (Monday)

12 a.m
1
2
3
4
5
6
7
8
9
10
11
12 p.m
1
2
3
4
5
6
7
8
9
10
11

NOVEMBER

S	M	T	W	T	F	S
	1	2	3	4	5	6
7	8	9	10	11	12	13
14	15	16	17	18	19	20
21	22	23	24	25	26	27
28	29	30				

DECEMBER

S	M	T	W	T	F	S
			1	2	3	4
5	6	7	8	9	10	11
12	13	14	15	16	17	18
19	20	21	22	23	24	25
26	27	28	29	30	31	

12 a.m
1
2
3
4
5
6
7
8
9
10
11
12 p.m
1
2
3
4
5
6
7
8
9
10
11

SEPTEMBER

S	M	T	W	T	F	S
			1	2	3	4
5	6	7	8	9	10	11
12	13	14	15	16	17	18
19	20	21	22	23	24	25
26	27	28	29	30		

OCTOBER

S	M	T	W	T	F	S
					1	2
3	4	5	6	7	8	9
10	11	12	13	14	15	16
17	18	19	20	21	22	23
24	25	26	27	28	29	30
31						

October 27, 2021 (Wednesday)

12 a.m
1
2
3
4
5
6
7
8
9
10
11
12 p.m
1
2
3
4
5
6
7
8
9
10
11

NOVEMBER

S	M	T	W	T	F	S
	1	2	3	4	5	6
7	8	9	10	11	12	13
14	15	16	17	18	19	20
21	22	23	24	25	26	27
28	29	30				

DECEMBER

S	M	T	W	T	F	S
			1	2	3	4
5	6	7	8	9	10	11
12	13	14	15	16	17	18
19	20	21	22	23	24	25
26	27	28	29	30	31	

12 a.m
1
2
3
4
5
6
7
8
9
10
11
12 p.m
1
2
3
4
5
6
7
8
9
10
11

SEPTEMBER

S	M	T	W	T	F	S
			1	2	3	4
5	6	7	8	9	10	11
12	13	14	15	16	17	18
19	20	21	22	23	24	25
26	27	28	29	30		

OCTOBER

S	M	T	W	T	F	S
					1	2
3	4	5	6	7	8	9
10	11	12	13	14	15	16
17	18	19	20	21	22	23
24	25	26	27	28	29	30
31						

October 29, 2021 (Friday)

12 a.m
1
2
3
4
5
6
7
8
9
10
11
12 p.m
1
2
3
4
5
6
7
8
9
10
11

NOVEMBER

S	M	T	W	T	F	S
	1	2	3	4	5	6
7	8	9	10	11	12	13
14	15	16	17	18	19	20
21	22	23	24	25	26	27
28	29	30				

DECEMBER

S	M	T	W	T	F	S
			1	2	3	4
5	6	7	8	9	10	11
12	13	14	15	16	17	18
19	20	21	22	23	24	25
26	27	28	29	30	31	

12 a.m
1
2
3
4
5
6
7
8
9
10
11
12 p.m
1
2
3
4
5
6
7
8
9
10
11

SEPTEMBER

S	M	T	W	T	F	S
			1	2	3	4
5	6	7	8	9	10	11
12	13	14	15	16	17	18
19	20	21	22	23	24	25
26	27	28	29	30		

OCTOBER

S	M	T	W	T	F	S
					1	2
3	4	5	6	7	8	9
10	11	12	13	14	15	16
17	18	19	20	21	22	23
24	25	26	27	28	29	30
31						

October 31, 2021 (Sunday)

12 a.m
1
2
3
4
5
6
7
8
9
10
11
12 p.m
1
2
3
4
5
6
7
8
9
10
11

NOVEMBER

S	M	T	W	T	F	S
	1	2	3	4	5	6
7	8	9	10	11	12	13
14	15	16	17	18	19	20
21	22	23	24	25	26	27
28	29	30				

DECEMBER

S	M	T	W	T	F	S
			1	2	3	4
5	6	7	8	9	10	11
12	13	14	15	16	17	18
19	20	21	22	23	24	25
26	27	28	29	30	31	

12 a.m
1
2
3
4
5
6
7
8
9
10
11
12 p.m
1
2
3
4
5
6
7
8
9
10
11

OCTOBER

S	M	T	W	T	F	S
					1	2
3	4	5	6	7	8	9
10	11	12	13	14	15	16
17	18	19	20	21	22	23
24	25	26	27	28	29	30
31						

NOVEMBER

S	M	T	W	T	F	S
	1	2	3	4	5	6
7	8	9	10	11	12	13
14	15	16	17	18	19	20
21	22	23	24	25	26	27
28	29	30				

November 2, 2021 (Tuesday)

12 a.m
1
2
3
4
5
6
7
8
9
10
11
12 p.m
1
2
3
4
5
6
7
8
9
10
11

DECEMBER

S	M	T	W	T	F	S
			1	2	3	4
5	6	7	8	9	10	11
12	13	14	15	16	17	18
19	20	21	22	23	24	25
26	27	28	29	30	31	

JANUARY 2022

S	M	T	W	T	F	S
						1
2	3	4	5	6	7	8
9	10	11	12	13	14	15
16	17	18	19	20	21	22
23	24	25	26	27	28	29
30	31					

12 a.m
1
2
3
4
5
6
7
8
9
10
11
12 p.m
1
2
3
4
5
6
7
8
9
10
11

OCTOBER

S	M	T	W	T	F	S
					1	2
3	4	5	6	7	8	9
10	11	12	13	14	15	16
17	18	19	20	21	22	23
24	25	26	27	28	29	30
31						

NOVEMBER

S	M	T	W	T	F	S
	1	2	3	4	5	6
7	8	9	10	11	12	13
14	15	16	17	18	19	20
21	22	23	24	25	26	27
28	29	30				

November 4, 2021 (Thursday)

12 a.m
1
2
3
4
5
6
7
8
9
10
11
12 p.m
1
2
3
4
5
6
7
8
9
10
11

DECEMBER

S	M	T	W	T	F	S
			1	2	3	4
5	6	7	8	9	10	11
12	13	14	15	16	17	18
19	20	21	22	23	24	25
26	27	28	29	30	31	

JANUARY 2022

S	M	T	W	T	F	S
						1
2	3	4	5	6	7	8
9	10	11	12	13	14	15
16	17	18	19	20	21	22
23	24	25	26	27	28	29
30	31					

12 a.m
1
2
3
4
5
6
7
8
9
10
11
12 p.m
1
2
3
4
5
6
7
8
9
10
11

OCTOBER

S	M	T	W	T	F	S
					1	2
3	4	5	6	7	8	9
10	11	12	13	14	15	16
17	18	19	20	21	22	23
24	25	26	27	28	29	30
31						

NOVEMBER

S	M	T	W	T	F	S
	1	2	3	4	5	6
7	8	9	10	11	12	13
14	15	16	17	18	19	20
21	22	23	24	25	26	27
28	29	30				

November 6, 2021 (Saturday)

12 a.m
1
2
3
4
5
6
7
8
9
10
11
12 p.m
1
2
3
4
5
6
7
8
9
10
11

DECEMBER

S	M	T	W	T	F	S
			1	2	3	4
5	6	7	8	9	10	11
12	13	14	15	16	17	18
19	20	21	22	23	24	25
26	27	28	29	30	31	

JANUARY 2022

S	M	T	W	T	F	S
						1
2	3	4	5	6	7	8
9	10	11	12	13	14	15
16	17	18	19	20	21	22
23	24	25	26	27	28	29
30	31					

12 a.m
1
2
3
4
5
6
7
8
9
10
11
12 p.m
1
2
3
4
5
6
7
8
9
10
11

OCTOBER

S	M	T	W	T	F	S
					1	2
3	4	5	6	7	8	9
10	11	12	13	14	15	16
17	18	19	20	21	22	23
24	25	26	27	28	29	30
31						

NOVEMBER

S	M	T	W	T	F	S
	1	2	3	4	5	6
7	8	9	10	11	12	13
14	15	16	17	18	19	20
21	22	23	24	25	26	27
28	29	30				

November 8, 2021 (Monday)

12 a.m
1
2
3
4
5
6
7
8
9
10
11
12 p.m
1
2
3
4
5
6
7
8
9
10
11

DECEMBER

S	M	T	W	T	F	S
			1	2	3	4
5	6	7	8	9	10	11
12	13	14	15	16	17	18
19	20	21	22	23	24	25
26	27	28	29	30	31	

JANUARY 2022

S	M	T	W	T	F	S
						1
2	3	4	5	6	7	8
9	10	11	12	13	14	15
16	17	18	19	20	21	22
23	24	25	26	27	28	29
30	31					

12 a.m
1
2
3
4
5
6
7
8
9
10
11
12 p.m
1
2
3
4
5
6
7
8
9
10
11

OCTOBER

S	M	T	W	T	F	S
					1	2
3	4	5	6	7	8	9
10	11	12	13	14	15	16
17	18	19	20	21	22	23
24	25	26	27	28	29	30
31						

NOVEMBER

S	M	T	W	T	F	S
	1	2	3	4	5	6
7	8	9	10	11	12	13
14	15	16	17	18	19	20
21	22	23	24	25	26	27
28	29	30				

November 10, 2021 (Wednesday)

12 a.m
1
2
3
4
5
6
7
8
9
10
11
12 p.m
1
2
3
4
5
6
7
8
9
10
11

DECEMBER						
S	M	T	W	T	F	S
			1	2	3	4
5	6	7	8	9	10	11
12	13	14	15	16	17	18
19	20	21	22	23	24	25
26	27	28	29	30	31	

JANUARY						2022
S	M	T	W	T	F	S
						1
2	3	4	5	6	7	8
9	10	11	12	13	14	15
16	17	18	19	20	21	22
23	24	25	26	27	28	29
30	31					

12 a.m
1
2
3
4
5
6
7
8
9
10
11
12 p.m
1
2
3
4
5
6
7
8
9
10
11

OCTOBER

S	M	T	W	T	F	S
					1	2
3	4	5	6	7	8	9
10	11	12	13	14	15	16
17	18	19	20	21	22	23
24	25	26	27	28	29	30
31						

NOVEMBER

S	M	T	W	T	F	S
	1	2	3	4	5	6
7	8	9	10	11	12	13
14	15	16	17	18	19	20
21	22	23	24	25	26	27
28	29	30				

November 12, 2021 (Friday)

12 a.m
1
2
3
4
5
6
7
8
9
10
11
12 p.m
1
2
3
4
5
6
7
8
9
10
11

DECEMBER

S	M	T	W	T	F	S
			1	2	3	4
5	6	7	8	9	10	11
12	13	14	15	16	17	18
19	20	21	22	23	24	25
26	27	28	29	30	31	

JANUARY 2022

S	M	T	W	T	F	S
						1
2	3	4	5	6	7	8
9	10	11	12	13	14	15
16	17	18	19	20	21	22
23	24	25	26	27	28	29
30	31					

12 a.m
1
2
3
4
5
6
7
8
9
10
11
12 p.m
1
2
3
4
5
6
7
8
9
10
11

OCTOBER

S	M	T	W	T	F	S
					1	2
3	4	5	6	7	8	9
10	11	12	13	14	15	16
17	18	19	20	21	22	23
24	25	26	27	28	29	30
31						

NOVEMBER

S	M	T	W	T	F	S
	1	2	3	4	5	6
7	8	9	10	11	12	13
14	15	16	17	18	19	20
21	22	23	24	25	26	27
28	29	30				

November 14, 2021 (Sunday)

12 a.m
1
2
3
4
5
6
7
8
9
10
11
12 p.m
1
2
3
4
5
6
7
8
9
10
11

DECEMBER

S	M	T	W	T	F	S
			1	2	3	4
5	6	7	8	9	10	11
12	13	14	15	16	17	18
19	20	21	22	23	24	25
26	27	28	29	30	31	

JANUARY 2022

S	M	T	W	T	F	S
						1
2	3	4	5	6	7	8
9	10	11	12	13	14	15
16	17	18	19	20	21	22
23	24	25	26	27	28	29
30	31					

12 a.m
1
2
3
4
5
6
7
8
9
10
11
12 p.m
1
2
3
4
5
6
7
8
9
10
11

OCTOBER

S	M	T	W	T	F	S
					1	2
3	4	5	6	7	8	9
10	11	12	13	14	15	16
17	18	19	20	21	22	23
24	25	26	27	28	29	30
31						

NOVEMBER

S	M	T	W	T	F	S
	1	2	3	4	5	6
7	8	9	10	11	12	13
14	15	16	17	18	19	20
21	22	23	24	25	26	27
28	29	30				

November 16, 2021 (Tuesday)

12 a.m
1
2
3
4
5
6
7
8
9
10
11
12 p.m
1
2
3
4
5
6
7
8
9
10
11

DECEMBER						
S	M	T	W	T	F	S
			1	2	3	4
5	6	7	8	9	10	11
12	13	14	15	16	17	18
19	20	21	22	23	24	25
26	27	28	29	30	31	

JANUARY					2022	
S	M	T	W	T	F	S
						1
2	3	4	5	6	7	8
9	10	11	12	13	14	15
16	17	18	19	20	21	22
23	24	25	26	27	28	29
30	31					

12 a.m
1
2
3
4
5
6
7
8
9
10
11
12 p.m
1
2
3
4
5
6
7
8
9
10
11

OCTOBER

S	M	T	W	T	F	S
					1	2
3	4	5	6	7	8	9
10	11	12	13	14	15	16
17	18	19	20	21	22	23
24	25	26	27	28	29	30
31						

NOVEMBER

S	M	T	W	T	F	S
	1	2	3	4	5	6
7	8	9	10	11	12	13
14	15	16	17	18	19	20
21	22	23	24	25	26	27
28	29	30				

November 18, 2021 (Thursday)

12 a.m
1
2
3
4
5
6
7
8
9
10
11
12 p.m
1
2
3
4
5
6
7
8
9
10
11

DECEMBER

S	M	T	W	T	F	S
			1	2	3	4
5	6	7	8	9	10	11
12	13	14	15	16	17	18
19	20	21	22	23	24	25
26	27	28	29	30	31	

JANUARY 2022

S	M	T	W	T	F	S
						1
2	3	4	5	6	7	8
9	10	11	12	13	14	15
16	17	18	19	20	21	22
23	24	25	26	27	28	29
30	31					

12 a.m
1
2
3
4
5
6
7
8
9
10
11
12 p.m
1
2
3
4
5
6
7
8
9
10
11

OCTOBER

S	M	T	W	T	F	S
					1	2
3	4	5	6	7	8	9
10	11	12	13	14	15	16
17	18	19	20	21	22	23
24	25	26	27	28	29	30
31						

NOVEMBER

S	M	T	W	T	F	S
	1	2	3	4	5	6
7	8	9	10	11	12	13
14	15	16	17	18	19	20
21	22	23	24	25	26	27
28	29	30				

November 20, 2021 (Saturday)

12 a.m
1
2
3
4
5
6
7
8
9
10
11
12 p.m
1
2
3
4
5
6
7
8
9
10
11

DECEMBER

S	M	T	W	T	F	S
			1	2	3	4
5	6	7	8	9	10	11
12	13	14	15	16	17	18
19	20	21	22	23	24	25
26	27	28	29	30	31	

JANUARY 2022

S	M	T	W	T	F	S
						1
2	3	4	5	6	7	8
9	10	11	12	13	14	15
16	17	18	19	20	21	22
23	24	25	26	27	28	29
30	31					

12 a.m
1
2
3
4
5
6
7
8
9
10
11
12 p.m
1
2
3
4
5
6
7
8
9
10
11

OCTOBER

S	M	T	W	T	F	S
					1	2
3	4	5	6	7	8	9
10	11	12	13	14	15	16
17	18	19	20	21	22	23
24	25	26	27	28	29	30
31						

NOVEMBER

S	M	T	W	T	F	S
	1	2	3	4	5	6
7	8	9	10	11	12	13
14	15	16	17	18	19	20
21	22	23	24	25	26	27
28	29	30				

November 22, 2021 (Monday)

12 a.m
1
2
3
4
5
6
7
8
9
10
11
12 p.m
1
2
3
4
5
6
7
8
9
10
11

DECEMBER

S	M	T	W	T	F	S
			1	2	3	4
5	6	7	8	9	10	11
12	13	14	15	16	17	18
19	20	21	22	23	24	25
26	27	28	29	30	31	

JANUARY 2022

S	M	T	W	T	F	S
						1
2	3	4	5	6	7	8
9	10	11	12	13	14	15
16	17	18	19	20	21	22
23	24	25	26	27	28	29
30	31					

12 a.m
1
2
3
4
5
6
7
8
9
10
11
12 p.m
1
2
3
4
5
6
7
8
9
10
11

OCTOBER

S	M	T	W	T	F	S
					1	2
3	4	5	6	7	8	9
10	11	12	13	14	15	16
17	18	19	20	21	22	23
24	25	26	27	28	29	30
31						

NOVEMBER

S	M	T	W	T	F	S
	1	2	3	4	5	6
7	8	9	10	11	12	13
14	15	16	17	18	19	20
21	22	23	24	25	26	27
28	29	30				

November 24, 2021 (Wednesday)

12 a.m
1
2
3
4
5
6
7
8
9
10
11
12 p.m
1
2
3
4
5
6
7
8
9
10
11

DECEMBER

S	M	T	W	T	F	S
			1	2	3	4
5	6	7	8	9	10	11
12	13	14	15	16	17	18
19	20	21	22	23	24	25
26	27	28	29	30	31	

JANUARY 2022

S	M	T	W	T	F	S
						1
2	3	4	5	6	7	8
9	10	11	12	13	14	15
16	17	18	19	20	21	22
23	24	25	26	27	28	29
30	31					

12 a.m
1
2
3
4
5
6
7
8
9
10
11
12 p.m
1
2
3
4
5
6
7
8
9
10
11

OCTOBER

S	M	T	W	T	F	S
					1	2
3	4	5	6	7	8	9
10	11	12	13	14	15	16
17	18	19	20	21	22	23
24	25	26	27	28	29	30
31						

NOVEMBER

S	M	T	W	T	F	S
	1	2	3	4	5	6
7	8	9	10	11	12	13
14	15	16	17	18	19	20
21	22	23	24	25	26	27
28	29	30				

November 26, 2021 (Friday)

12 a.m
1
2
3
4
5
6
7
8
9
10
11
12 p.m
1
2
3
4
5
6
7
8
9
10
11

DECEMBER

S	M	T	W	T	F	S
			1	2	3	4
5	6	7	8	9	10	11
12	13	14	15	16	17	18
19	20	21	22	23	24	25
26	27	28	29	30	31	

JANUARY 2022

S	M	T	W	T	F	S
						1
2	3	4	5	6	7	8
9	10	11	12	13	14	15
16	17	18	19	20	21	22
23	24	25	26	27	28	29
30	31					

12 a.m
1
2
3
4
5
6
7
8
9
10
11
12 p.m
1
2
3
4
5
6
7
8
9
10
11

OCTOBER

S	M	T	W	T	F	S
					1	2
3	4	5	6	7	8	9
10	11	12	13	14	15	16
17	18	19	20	21	22	23
24	25	26	27	28	29	30
31						

NOVEMBER

S	M	T	W	T	F	S
	1	2	3	4	5	6
7	8	9	10	11	12	13
14	15	16	17	18	19	20
21	22	23	24	25	26	27
28	29	30				

November 28, 2021 (Sunday)

12 a.m
1
2
3
4
5
6
7
8
9
10
11
12 p.m
1
2
3
4
5
6
7
8
9
10
11

DECEMBER

S	M	T	W	T	F	S
			1	2	3	4
5	6	7	8	9	10	11
12	13	14	15	16	17	18
19	20	21	22	23	24	25
26	27	28	29	30	31	

JANUARY 2022

S	M	T	W	T	F	S
						1
2	3	4	5	6	7	8
9	10	11	12	13	14	15
16	17	18	19	20	21	22
23	24	25	26	27	28	29
30	31					

12 a.m
1
2
3
4
5
6
7
8
9
10
11
12 p.m
1
2
3
4
5
6
7
8
9
10
11

OCTOBER

S	M	T	W	T	F	S
					1	2
3	4	5	6	7	8	9
10	11	12	13	14	15	16
17	18	19	20	21	22	23
24	25	26	27	28	29	30
31						

NOVEMBER

S	M	T	W	T	F	S
	1	2	3	4	5	6
7	8	9	10	11	12	13
14	15	16	17	18	19	20
21	22	23	24	25	26	27
28	29	30				

November 30, 2021 (Tuesday)

12 a.m
1
2
3
4
5
6
7
8
9
10
11
12 p.m
1
2
3
4
5
6
7
8
9
10
11

DECEMBER

S	M	T	W	T	F	S
			1	2	3	4
5	6	7	8	9	10	11
12	13	14	15	16	17	18
19	20	21	22	23	24	25
26	27	28	29	30	31	

JANUARY 2022

S	M	T	W	T	F	S
						1
2	3	4	5	6	7	8
9	10	11	12	13	14	15
16	17	18	19	20	21	22
23	24	25	26	27	28	29
30	31					

12 a.m
1
2
3
4
5
6
7
8
9
10
11
12 p.m
1
2
3
4
5
6
7
8
9
10
11

NOVEMBER

S	M	T	W	T	F	S
	1	2	3	4	5	6
7	8	9	10	11	12	13
14	15	16	17	18	19	20
21	22	23	24	25	26	27
28	29	30				

DECEMBER

S	M	T	W	T	F	S
			1	2	3	4
5	6	7	8	9	10	11
12	13	14	15	16	17	18
19	20	21	22	23	24	25
26	27	28	29	30	31	

December 2, 2021 (Thursday)

12 a.m
1
2
3
4
5
6
7
8
9
10
11
12 p.m
1
2
3
4
5
6
7
8
9
10
11

JANUARY 2022

S	M	T	W	T	F	S
						1
2	3	4	5	6	7	8
9	10	11	12	13	14	15
16	17	18	19	20	21	22
23	24	25	26	27	28	29
30	31					

FEBRUARY

S	M	T	W	T	F	S
		1	2	3	4	5
6	7	8	9	10	11	12
13	14	15	16	17	18	19
20	21	22	23	24	25	26
27	28					

12 a.m
1
2
3
4
5
6
7
8
9
10
11
12 p.m
1
2
3
4
5
6
7
8
9
10
11

NOVEMBER

S	M	T	W	T	F	S
	1	2	3	4	5	6
7	8	9	10	11	12	13
14	15	16	17	18	19	20
21	22	23	24	25	26	27
28	29	30				

DECEMBER

S	M	T	W	T	F	S
			1	2	3	4
5	6	7	8	9	10	11
12	13	14	15	16	17	18
19	20	21	22	23	24	25
26	27	28	29	30	31	

December 4, 2021 (Saturday)

12 a.m
1
2
3
4
5
6
7
8
9
10
11
12 p.m
1
2
3
4
5
6
7
8
9
10
11

JANUARY 2022

S	M	T	W	T	F	S
						1
2	3	4	5	6	7	8
9	10	11	12	13	14	15
16	17	18	19	20	21	22
23	24	25	26	27	28	29
30	31					

FEBRUARY

S	M	T	W	T	F	S
		1	2	3	4	5
6	7	8	9	10	11	12
13	14	15	16	17	18	19
20	21	22	23	24	25	26
27	28					

12 a.m
1
2
3
4
5
6
7
8
9
10
11
12 p.m
1
2
3
4
5
6
7
8
9
10
11

NOVEMBER

S	M	T	W	T	F	S
	1	2	3	4	5	6
7	8	9	10	11	12	13
14	15	16	17	18	19	20
21	22	23	24	25	26	27
28	29	30				

DECEMBER

S	M	T	W	T	F	S
			1	2	3	4
5	6	7	8	9	10	11
12	13	14	15	16	17	18
19	20	21	22	23	24	25
26	27	28	29	30	31	

December 6, 2021 (Monday)

12 a.m
1
2
3
4
5
6
7
8
9
10
11
12 p.m
1
2
3
4
5
6
7
8
9
10
11

JANUARY 2022

S	M	T	W	T	F	S
						1
2	3	4	5	6	7	8
9	10	11	12	13	14	15
16	17	18	19	20	21	22
23	24	25	26	27	28	29
30	31					

FEBRUARY

S	M	T	W	T	F	S
		1	2	3	4	5
6	7	8	9	10	11	12
13	14	15	16	17	18	19
20	21	22	23	24	25	26
27	28					

12 a.m
1
2
3
4
5
6
7
8
9
10
11
12 p.m
1
2
3
4
5
6
7
8
9
10
11

NOVEMBER

S	M	T	W	T	F	S
	1	2	3	4	5	6
7	8	9	10	11	12	13
14	15	16	17	18	19	20
21	22	23	24	25	26	27
28	29	30				

DECEMBER

S	M	T	W	T	F	S
			1	2	3	4
5	6	7	8	9	10	11
12	13	14	15	16	17	18
19	20	21	22	23	24	25
26	27	28	29	30	31	

December 8, 2021 (Wednesday)

12 a.m
1
2
3
4
5
6
7
8
9
10
11
12 p.m
1
2
3
4
5
6
7
8
9
10
11

JANUARY 2022

S	M	T	W	T	F	S
						1
2	3	4	5	6	7	8
9	10	11	12	13	14	15
16	17	18	19	20	21	22
23	24	25	26	27	28	29
30	31					

FEBRUARY

S	M	T	W	T	F	S
		1	2	3	4	5
6	7	8	9	10	11	12
13	14	15	16	17	18	19
20	21	22	23	24	25	26
27	28					

12 a.m
1
2
3
4
5
6
7
8
9
10
11
12 p.m
1
2
3
4
5
6
7
8
9
10
11

NOVEMBER

S	M	T	W	T	F	S
	1	2	3	4	5	6
7	8	9	10	11	12	13
14	15	16	17	18	19	20
21	22	23	24	25	26	27
28	29	30				

DECEMBER

S	M	T	W	T	F	S
			1	2	3	4
5	6	7	8	9	10	11
12	13	14	15	16	17	18
19	20	21	22	23	24	25
26	27	28	29	30	31	

December 10, 2021 (Friday)

12 a.m
1
2
3
4
5
6
7
8
9
10
11
12 p.m
1
2
3
4
5
6
7
8
9
10
11

JANUARY 2022

S	M	T	W	T	F	S
						1
2	3	4	5	6	7	8
9	10	11	12	13	14	15
16	17	18	19	20	21	22
23	24	25	26	27	28	29
30	31					

FEBRUARY

S	M	T	W	T	F	S
		1	2	3	4	5
6	7	8	9	10	11	12
13	14	15	16	17	18	19
20	21	22	23	24	25	26
27	28					

12 a.m
1
2
3
4
5
6
7
8
9
10
11
12 p.m
1
2
3
4
5
6
7
8
9
10
11

NOVEMBER

S	M	T	W	T	F	S
	1	2	3	4	5	6
7	8	9	10	11	12	13
14	15	16	17	18	19	20
21	22	23	24	25	26	27
28	29	30				

DECEMBER

S	M	T	W	T	F	S
			1	2	3	4
5	6	7	8	9	10	11
12	13	14	15	16	17	18
19	20	21	22	23	24	25
26	27	28	29	30	31	

December 12, 2021 (Sunday)

12 a.m
1
2
3
4
5
6
7
8
9
10
11
12 p.m
1
2
3
4
5
6
7
8
9
10
11

JANUARY 2022

S	M	T	W	T	F	S
						1
2	3	4	5	6	7	8
9	10	11	12	13	14	15
16	17	18	19	20	21	22
23	24	25	26	27	28	29
30	31					

FEBRUARY

S	M	T	W	T	F	S
		1	2	3	4	5
6	7	8	9	10	11	12
13	14	15	16	17	18	19
20	21	22	23	24	25	26
27	28					

12 a.m
1
2
3
4
5
6
7
8
9
10
11
12 p.m
1
2
3
4
5
6
7
8
9
10
11

NOVEMBER

S	M	T	W	T	F	S
	1	2	3	4	5	6
7	8	9	10	11	12	13
14	15	16	17	18	19	20
21	22	23	24	25	26	27
28	29	30				

DECEMBER

S	M	T	W	T	F	S
			1	2	3	4
5	6	7	8	9	10	11
12	13	14	15	16	17	18
19	20	21	22	23	24	25
26	27	28	29	30	31	

December 14, 2021 (Tuesday)

12 a.m
1
2
3
4
5
6
7
8
9
10
11
12 p.m
1
2
3
4
5
6
7
8
9
10
11

JANUARY 2022

S	M	T	W	T	F	S
						1
2	3	4	5	6	7	8
9	10	11	12	13	14	15
16	17	18	19	20	21	22
23	24	25	26	27	28	29
30	31					

FEBRUARY

S	M	T	W	T	F	S
		1	2	3	4	5
6	7	8	9	10	11	12
13	14	15	16	17	18	19
20	21	22	23	24	25	26
27	28					

12 a.m
1
2
3
4
5
6
7
8
9
10
11
12 p.m
1
2
3
4
5
6
7
8
9
10
11

NOVEMBER

S	M	T	W	T	F	S
	1	2	3	4	5	6
7	8	9	10	11	12	13
14	15	16	17	18	19	20
21	22	23	24	25	26	27
28	29	30				

DECEMBER

S	M	T	W	T	F	S
			1	2	3	4
5	6	7	8	9	10	11
12	13	14	15	16	17	18
19	20	21	22	23	24	25
26	27	28	29	30	31	

December 16, 2021 (Thursday)

12 a.m
1
2
3
4
5
6
7
8
9
10
11
12 p.m
1
2
3
4
5
6
7
8
9
10
11

JANUARY 2022

S	M	T	W	T	F	S
						1
2	3	4	5	6	7	8
9	10	11	12	13	14	15
16	17	18	19	20	21	22
23	24	25	26	27	28	29
30	31					

FEBRUARY

S	M	T	W	T	F	S
		1	2	3	4	5
6	7	8	9	10	11	12
13	14	15	16	17	18	19
20	21	22	23	24	25	26
27	28					

12 a.m
1
2
3
4
5
6
7
8
9
10
11
12 p.m
1
2
3
4
5
6
7
8
9
10
11

NOVEMBER

S	M	T	W	T	F	S
	1	2	3	4	5	6
7	8	9	10	11	12	13
14	15	16	17	18	19	20
21	22	23	24	25	26	27
28	29	30				

DECEMBER

S	M	T	W	T	F	S
			1	2	3	4
5	6	7	8	9	10	11
12	13	14	15	16	17	18
19	20	21	22	23	24	25
26	27	28	29	30	31	

December 18, 2021 (Saturday)

12 a.m
1
2
3
4
5
6
7
8
9
10
11
12 p.m
1
2
3
4
5
6
7
8
9
10
11

JANUARY 2022

S	M	T	W	T	F	S
						1
2	3	4	5	6	7	8
9	10	11	12	13	14	15
16	17	18	19	20	21	22
23	24	25	26	27	28	29
30	31					

FEBRUARY

S	M	T	W	T	F	S
		1	2	3	4	5
6	7	8	9	10	11	12
13	14	15	16	17	18	19
20	21	22	23	24	25	26
27	28					

12 a.m
1
2
3
4
5
6
7
8
9
10
11
12 p.m
1
2
3
4
5
6
7
8
9
10
11

NOVEMBER

S	M	T	W	T	F	S
	1	2	3	4	5	6
7	8	9	10	11	12	13
14	15	16	17	18	19	20
21	22	23	24	25	26	27
28	29	30				

DECEMBER

S	M	T	W	T	F	S
			1	2	3	4
5	6	7	8	9	10	11
12	13	14	15	16	17	18
19	20	21	22	23	24	25
26	27	28	29	30	31	

December 20, 2021 (Monday)

12 a.m
1
2
3
4
5
6
7
8
9
10
11
12 p.m
1
2
3
4
5
6
7
8
9
10
11

JANUARY 2022

S	M	T	W	T	F	S
						1
2	3	4	5	6	7	8
9	10	11	12	13	14	15
16	17	18	19	20	21	22
23	24	25	26	27	28	29
30	31					

FEBRUARY

S	M	T	W	T	F	S
		1	2	3	4	5
6	7	8	9	10	11	12
13	14	15	16	17	18	19
20	21	22	23	24	25	26
27	28					

12 a.m
1
2
3
4
5
6
7
8
9
10
11
12 p.m
1
2
3
4
5
6
7
8
9
10
11

NOVEMBER

S	M	T	W	T	F	S
	1	2	3	4	5	6
7	8	9	10	11	12	13
14	15	16	17	18	19	20
21	22	23	24	25	26	27
28	29	30				

DECEMBER

S	M	T	W	T	F	S
			1	2	3	4
5	6	7	8	9	10	11
12	13	14	15	16	17	18
19	20	21	22	23	24	25
26	27	28	29	30	31	

December 22, 2021 (Wednesday)

12 a.m
1
2
3
4
5
6
7
8
9
10
11
12 p.m
1
2
3
4
5
6
7
8
9
10
11

JANUARY 2022

S	M	T	W	T	F	S
						1
2	3	4	5	6	7	8
9	10	11	12	13	14	15
16	17	18	19	20	21	22
23	24	25	26	27	28	29
30	31					

FEBRUARY

S	M	T	W	T	F	S
		1	2	3	4	5
6	7	8	9	10	11	12
13	14	15	16	17	18	19
20	21	22	23	24	25	26
27	28					

12 a.m
1
2
3
4
5
6
7
8
9
10
11
12 p.m
1
2
3
4
5
6
7
8
9
10
11

NOVEMBER

S	M	T	W	T	F	S
	1	2	3	4	5	6
7	8	9	10	11	12	13
14	15	16	17	18	19	20
21	22	23	24	25	26	27
28	29	30				

DECEMBER

S	M	T	W	T	F	S
			1	2	3	4
5	6	7	8	9	10	11
12	13	14	15	16	17	18
19	20	21	22	23	24	25
26	27	28	29	30	31	

December 24, 2021 (Friday)

12 a.m
1
2
3
4
5
6
7
8
9
10
11
12 p.m
1
2
3
4
5
6
7
8
9
10
11

JANUARY 2022

S	M	T	W	T	F	S
						1
2	3	4	5	6	7	8
9	10	11	12	13	14	15
16	17	18	19	20	21	22
23	24	25	26	27	28	29
30	31					

FEBRUARY

S	M	T	W	T	F	S
		1	2	3	4	5
6	7	8	9	10	11	12
13	14	15	16	17	18	19
20	21	22	23	24	25	26
27	28					

12 a.m
1
2
3
4
5
6
7
8
9
10
11
12 p.m
1
2
3
4
5
6
7
8
9
10
11

NOVEMBER

S	M	T	W	T	F	S
	1	2	3	4	5	6
7	8	9	10	11	12	13
14	15	16	17	18	19	20
21	22	23	24	25	26	27
28	29	30				

DECEMBER

S	M	T	W	T	F	S
			1	2	3	4
5	6	7	8	9	10	11
12	13	14	15	16	17	18
19	20	21	22	23	24	25
26	27	28	29	30	31	

December 26, 2021 (Sunday)

12 a.m
1
2
3
4
5
6
7
8
9
10
11
12 p.m
1
2
3
4
5
6
7
8
9
10
11

JANUARY 2022

S	M	T	W	T	F	S
						1
2	3	4	5	6	7	8
9	10	11	12	13	14	15
16	17	18	19	20	21	22
23	24	25	26	27	28	29
30	31					

FEBRUARY

S	M	T	W	T	F	S
		1	2	3	4	5
6	7	8	9	10	11	12
13	14	15	16	17	18	19
20	21	22	23	24	25	26
27	28					

12 a.m
1
2
3
4
5
6
7
8
9
10
11
12 p.m
1
2
3
4
5
6
7
8
9
10
11

NOVEMBER

S	M	T	W	T	F	S
	1	2	3	4	5	6
7	8	9	10	11	12	13
14	15	16	17	18	19	20
21	22	23	24	25	26	27
28	29	30				

DECEMBER

S	M	T	W	T	F	S
			1	2	3	4
5	6	7	8	9	10	11
12	13	14	15	16	17	18
19	20	21	22	23	24	25
26	27	28	29	30	31	

December 28, 2021 (Tuesday)

12 a.m
1
2
3
4
5
6
7
8
9
10
11
12 p.m
1
2
3
4
5
6
7
8
9
10
11

JANUARY						2022
S	M	T	W	T	F	S
						1
2	3	4	5	6	7	8
9	10	11	12	13	14	15
16	17	18	19	20	21	22
23	24	25	26	27	28	29
30	31					

FEBRUARY						
S	M	T	W	T	F	S
		1	2	3	4	5
6	7	8	9	10	11	12
13	14	15	16	17	18	19
20	21	22	23	24	25	26
27	28					

12 a.m
1
2
3
4
5
6
7
8
9
10
11
12 p.m
1
2
3
4
5
6
7
8
9
10
11

NOVEMBER

S	M	T	W	T	F	S
	1	2	3	4	5	6
7	8	9	10	11	12	13
14	15	16	17	18	19	20
21	22	23	24	25	26	27
28	29	30				

DECEMBER

S	M	T	W	T	F	S
			1	2	3	4
5	6	7	8	9	10	11
12	13	14	15	16	17	18
19	20	21	22	23	24	25
26	27	28	29	30	31	

December 30, 2021 (Thursday)

12 a.m
1
2
3
4
5
6
7
8
9
10
11
12 p.m
1
2
3
4
5
6
7
8
9
10
11

JANUARY 2022

S	M	T	W	T	F	S
						1
2	3	4	5	6	7	8
9	10	11	12	13	14	15
16	17	18	19	20	21	22
23	24	25	26	27	28	29
30	31					

FEBRUARY

S	M	T	W	T	F	S
		1	2	3	4	5
6	7	8	9	10	11	12
13	14	15	16	17	18	19
20	21	22	23	24	25	26
27	28					

12 a.m
1
2
3
4
5
6
7
8
9
10
11
12 p.m
1
2
3
4
5
6
7
8
9
10
11

NOVEMBER

S	M	T	W	T	F	S
	1	2	3	4	5	6
7	8	9	10	11	12	13
14	15	16	17	18	19	20
21	22	23	24	25	26	27
28	29	30				

DECEMBER

S	M	T	W	T	F	S
			1	2	3	4
5	6	7	8	9	10	11
12	13	14	15	16	17	18
19	20	21	22	23	24	25
26	27	28	29	30	31	

New Year's Day

January 1, 2022 (Saturday)

12 a.m
1
2
3
4
5
6
7
8
9
10
11
12 p.m
1
2
3
4
5
6
7
8
9
10
11

JANUARY						2022
S	M	T	W	T	F	S
						1
2	3	4	5	6	7	8
9	10	11	12	13	14	15
16	17	18	19	20	21	22
23	24	25	26	27	28	29
30	31					

FEBRUARY						
S	M	T	W	T	F	S
		1	2	3	4	5
6	7	8	9	10	11	12
13	14	15	16	17	18	19
20	21	22	23	24	25	26
27	28					

Birthday Log

JANUARY	FEBRUARY	MARCH	APRIL

MAY	JUNE	JULY	AUGUST

SEPTEMBER	OCTOBER	NOVEMBER	DECEMBER